# Bewerbung
# um einen
# Ausbildungsplatz

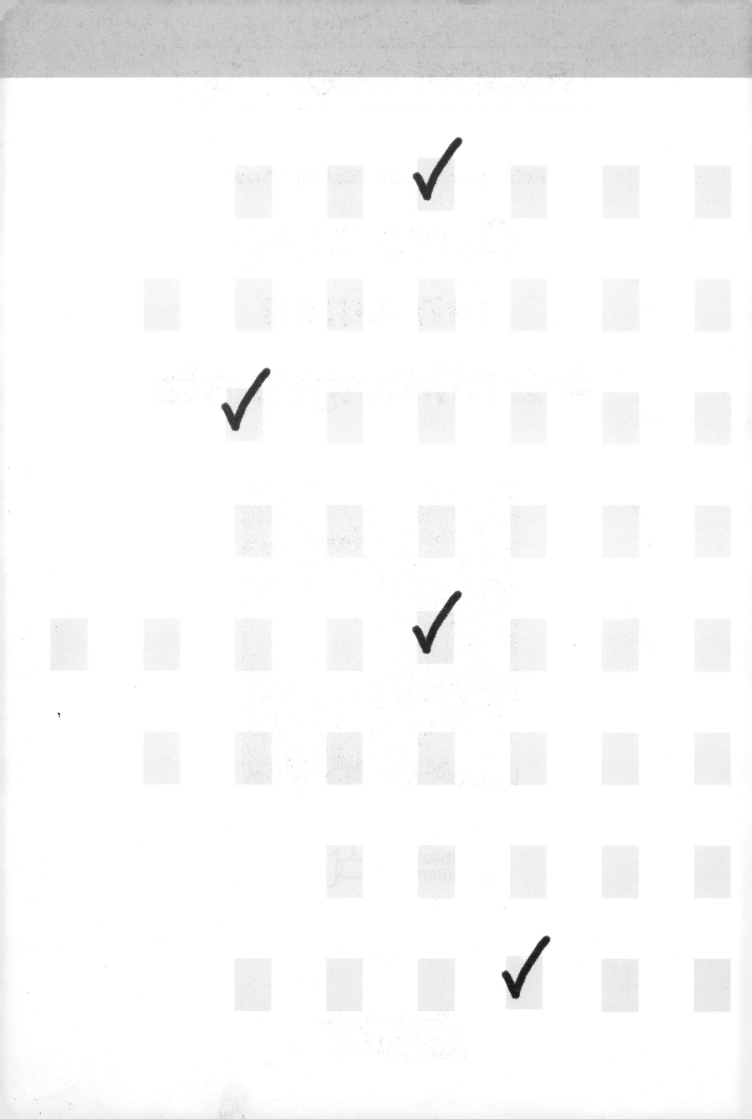

# FALKEN Check ✓ Up

Peter-J. Schneider · Manfred Zindel

# Bewerbung um einen Ausbildungsplatz

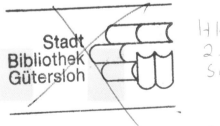

FALKEN

## 6 Vorbereitung der Ausbildungsplatzsuche

Wer früh genug startet, hat die besten Chancen, sein Wunschziel zu erreichen. Unternehmen kann man eine ganze Menge – vom Ansprechen der »richtigen« Leute und Firmen bis zur eigenen Zeitungsanzeige.

## 18 Telefonische und schriftliche Bewerbung

Sich von seiner besten Seite zu zeigen ist entscheidend für den Bewerbungserfolg. Das gilt für schriftliche Bewerbungen ebenso wie für telefonische Anfragen. Doch wie stellt man's an?

*Noch ist alles offen*

## Nachhaken und Absagen »verdauen« 46

Jetzt heißt es durchhalten: Die ersten Absagen kommen ins Haus; manch ein Ausbilder läßt gar nichts von sich hören; ein anderer lädt erst einmal zum Einstellungstest ein. Verhaltenstips für die »Durststrecke.«

*Auf der Zielgeraden*

## Das Vorstellungsgespräch 58

Auch wenn jedes Vorstellungsgespräch ein wenig anders abläuft – richtig vorbereitet ist alles halb so schlimm. Welche Fragen üblich sind, sollte man einfach wissen. Und ein wenig »Benimm« kann daneben auch nicht schaden ...

## Gut geplant ist halb gewonnen

*Wenn Sie zu diesem Buch greifen, haben Sie die erste Hürde schon genommen: Sie wissen, was Sie werden wollen. Doch wie finden Sie den Ausbildungsplatz in einem Ihrer Wunschberufe? Die Konkurrenz ist in den meisten Fällen groß. Trotzdem besteht kein Grund zur Panik: Mit der richtigen Vorbereitung haben Sie gute Chancen, die entscheidende Nasenlänge vorn zu sein. Wann Sie aktiv werden müssen, wo Sie die nötigen Informationen erhalten und wie Sie in Frage kommende Ausbildungsbetriebe ermitteln, verrät Ihnen das erste Kapitel.*

# Ausbildungsplatzsuche

**Sie haben sich für** einen Beruf – oder mehrere Berufe – entschieden und möchten nach Ihrem Schulabschluß eine Ausbildung machen. Nun beginnt es, das große Rennen um einen Ausbildungsplatz ...

Es wird nicht einfach werden, denn

➤ es werden mehr Ausbildungsplätze gesucht als angeboten, d.h., einige Bewerber müssen zwangsläufig leer ausgehen

➤ gerade in den beliebtesten Ausbildungsberufen übersteigt die Nachfrage die Zahl der Plätze erheblich

➤ die meisten Jugendlichen geben sich bei ihren Bewerbungen große Mühe

➤ viele Bewerber lassen ihre guten Beziehungen spielen und verschaffen sich so einen Vorteil.

**Das bedeutet aber** noch lange nicht, daß man gleich den Kopf hängen lassen sollte. Sie haben es in der Hand, mit Ihrer Bewerbung erfolgreich zu sein. Wenn Sie das wollen, müssen Sie sich an einige für Sie neue, aber wichtige Spielregeln gewöhnen. Sie müssen Erwartungshaltungen und Anforderungen der Betriebe kennen und berücksichtigen. Sie müssen sich in der Regel auch nicht nur einmal, sondern viele Male bewerben. Dabei sollten Sie Ihre bisherigen Bewerbungen analysieren und wenn nötig ändern, um es im zweiten oder dritten Anlauf besser zu machen und Fehler auszumerzen – aus Erfahrung wird man bekanntlich klug.

**Um in diesem Rennen** um die begehrtesten Ausbildungsplätze erfolgreich zu sein, müssen Sie sich so verhalten wie erfolgreiche Betriebe oder auch Sportler: Sie müssen taktisch geschickt vorgehen, indem Sie eine eigene Bewerbungsstrategie entwickeln und diese auch konsequent verfolgen.

**Dann haben Sie** gute Chancen, zu denen zu gehören, die einen Ausbildungsplatz bekommen, denn die Unternehmen stellen nur diejenigen ein, von denen sie sich die besten Leistungen für ihren Betrieb versprechen. Bei der Planung und Durchführung Ihrer »Bewerbungsaktion« hilft Ihnen dieser CheckUp mit zahlreichen Expertentips, Checklisten und Notizblöcken, mit Musterbriefen und Musterlebensläufen und mit vielen Textbausteinen zur individuellen Briefgestaltung. Er zeigt Ihnen auch, wie Sie formal »normgerechte« Bewerbungen verfassen, egal, ob mit Maschine, PC oder handschriftlich.

**Das alles ist einfacher,** als Sie denken. Denn auch wenn Ihre Situation auf dem Ausbildungsmarkt nicht sehr rosig ist, dürfen Sie eins nicht tun: aufgeben.

**Hochmut kommt** vor den Fall, lautet ein Sprichwort. Natürlich sollen Sie sich nicht grenzenlos überschätzen. Die Betriebe haben relativ feste Vorstellungen, welche Schulabschlüsse man für bestimmte Ausbildungsberufe benötigt. Doch das wissen Sie ja auch schon vom Arbeitsamt. Haben Sie es bei Ihrer Berufswahl berücksichtigt, sollten Sie mit Hilfe dieses CheckUps genügend Selbstvertrauen gewinnen, um erfolgreich zu werden - auch dann, wenn es in der Schule nicht immer optimal gelaufen ist.

**Denn bedenken Sie:** Wenn Sie Erfolg haben wollen, müssen Sie nicht hundertprozentig **sein,** aber Sie müssen hundertprozentig **wollen.**

**Ein Wort vorweg:** Dies ist selbstverständlich auch ein Buch für Frauen. Zugunsten einer besseren Lesbarkeit haben wir aber darauf verzichtet, immer beide Geschlechter zu nennen. So meinen wir selbstverständlich mit dem Begriff »Bewerber« auch die »Bewerberin«, mit dem »Ausbilder« auch die »Ausbilderin«, mit dem »Bankkaufmann» auch die »Bankkauffrau« und ebenso selbstverständlich mit der »Industriekauffrau« auch den »Industriekaufmann«. Im Interesse einer leichteren Lesbarkeit werden Sie dies sicher akzeptieren.

## Langfristig planen: Was ist wann zu tun?

**Eine gute Vorbereitung** ist der halbe Erfolg: »Last minute« kann bei Reisen zwar sehr interessant sein, aber für eine Bewerbung taugt dieses Vorgehen nur wenig. Bringen Sie die Unterlagen, die Sie benötigen, rechtzeitig in Ordnung. Der Bewerbungsstreß läßt Ihnen später nur noch wenig Zeit dazu. Legen Sie sich dazu einen Bewerbungs-Ordner an, in dem Sie alle wichtigen Unterlagen abheften.

**Mindestens ebenso wichtig:** Planen Sie langfristig. Für die einzelnen Berufe gibt es zum Teil sehr unterschiedliche Bewerbungsfristen. Insbesondere für bestimmte kaufmännische Ausbildungsberufe, in der öffentlichen Verwaltung, aber grundsätzlich auch in vielen Großbetrieben liegt der Bewerbungsschluß oft schon ein Jahr oder sogar länger vor der geplanten Einstellung. Die folgende Checkliste »Bewerbungsplanung« verhindert, daß Sie wichtige Termine verpassen.

## Bewerbungsplanung

| Zeitplan | Tätigkeiten | erledigt ? |
|---|---|---|
| zwei Jahre vor Ende der Schulzeit | **Sie sollten schon jetzt:**<br>● Ihren Berufswunsch festlegen<br>● Ihre schulischen Voraussetzungen erkunden<br>● einen Gesprächstermin mit dem Arbeitsamt vereinbaren<br>● das Berufsinformationszentrum – BIZ – des Arbeitsamtes nutzen (Material zu den Ausbildungsberufen). | ✔ ☐ |
| vorletztes Schuljahr (Februar bis Mai) | **Machen Sie mögliche** Ausbildungsbetriebe ausfindig. Bahnen Sie eventuell erste Kontakte über Freunde und Bekannte an.<br>Arbeiten Sie den CheckUp gut durch. | ☐ |
| ab den Osterferien | **Beginnen Sie**, den Stellenteil regionaler Zeitungen nach eventuellen Angeboten für Ausbildungsplätze durchzusehen und interessante Anzeigen abzuheften. Auch solche, in denen keine Ausbildungsplätze geboten werden: Wer heute eine Stelle frei hat, sucht morgen vielleicht auch Auszubildende. | ☐ |

| Zeitplan | Tätigkeiten | erledigt ? |
|---|---|---|

**Ende des vorletzten Schuljahres**

**Unterlagen vorbereiten:**
- Kopien der letzten Schulzeugnisse machen
- Bescheinigungen über Praktika, Kurse usw. ausstellen lassen
- Paßfotos anfertigen lassen
- Lebensläufe schreiben
- Bewerbungsschreiben üben.

Nehmen Sie wegen freier Ausbildungsplätze Kontakt zum Arbeitsamt auf.

✓

☐

---

**ein bis zwei Monate vor den Sommerferien**

**Es wird Zeit,** erste Bewerbungen zu schreiben – für kaufmännische Ausbildungsberufe und für Ausbildungsplätze in größeren Betrieben und der öffentlichen Verwaltung oder öffentlichen Einrichtungen (Polizei usw.).
Behalten Sie den Überblick mit unseren CheckUp-Hilfen.

☐

---

**ab September**

**Es wird nun auch Zeit,** sich für eine Ausbildung im Handwerk zu bewerben.

☐

---

**Herbst/Winter**

**Sie müssen damit rechnen,** daß Sie zu Einstellungstests eingeladen werden.
Bereiten Sie sich darauf möglichst gut vor, denn nur wer alle Hürden überspringt, schafft das Rennen.
Aber denken Sie daran: Nicht jeder kann gleich ganz vorne sein. Eine Absage ist kein Beinbruch. Starten Sie erneut und nutzen Sie dabei Ihre schon gemachten Erfahrungen.

☐

---

**Ende des vorletzten Schulhalbjahres**

**Wenn Sie es** noch nicht getan haben, wird es jetzt höchste Zeit, sich für handwerkliche Ausbildungsberufe zu bewerben. Sie wissen: je früher, desto besser ...

☐

---

**Januar/Februar**

**Sie bekommen jetzt** wahrscheinlich die ersten Antworten auf Ihre Bewerbungen und werden eventuell zu Vorstellungsgesprächen eingeladen. Dies ist ein erster Erfolg. Gehen Sie locker mit der neuen Anforderung um (siehe dazu Seite 58 ff.). ►
Planen Sie Ihre Termine genau mit unseren CheckUp-Hilfen.

☐

---

**Ostern**

**Die ersten** Nachrückverfahren beginnen.
Selbst wenn Sie bisher noch keinen Ausbildungsplatz haben, sind noch nicht alle Chancen vergeben. Fragen Sie Freunde, die eine Ausbildungsstelle bekommen haben, wo sie sich noch beworben haben, denn diese Stelle wird ja wahrscheinlich frei ...
Erkundigen Sie sich aber jetzt auch unbedingt nach schulischen Plätzen. Wenn Sie wirklich keinen Ausbildungsplatz bekommen sollten, haben Sie wenigstens einen Schulplatz sicher. Absagen können Sie ihn jederzeit, aber eine verspätete Anmeldung kann auch hier zur Ablehnung führen.

☐

---

**Abschlußzeugnis**

**Jetzt wird's ernst.** Wenn Sie noch nichts gefunden haben, rufen Sie die Firmen an, bei denen Sie sich beworben, von denen Sie aber noch keine Antwort erhalten haben, und erkundigen Sie sich nach dem Stand der Dinge.

☐

## Ansprechpartner ermitteln: Wer bildet aus?

**Es gibt viele Möglichkeiten,** an Anschriften von Betrieben zu kommen, die ausbilden. Warten Sie nicht, bis jemand auf Sie zukommt. Sie wollen eine Ausbildungsstelle haben, und deshalb müssen Sie selbst aktiv werden. Deshalb sollten Sie zum Beispiel insbesondere am Wochenende auch auf die Stellenanzeigen in Ihrer Heimatzeitung achten. Hier annoncieren auch Ausbildungsbetriebe. In einer guten Ausbildungsplatzanzeige stehen Informationen, auf die Sie zum einen in Ihrem Bewerbungsschreiben eingehen sollten, die Ihnen zum anderen aber auch bei der Vorbereitung auf ein mögliches Vorstellungsgespräch nützlich sein können.

**Stellenanzeigen verraten** durch den Stil und die Aufmachung häufig mehr über den Ausbildungsbetrieb als der reine Text. Deshalb kann es durchaus sinnvoll sein, sich die Anzeigen, für die man sich interessiert, auszuschneiden und mit dem Datum versehen aufzuheben. Ein Bezug auf eine solche Anzeige signalisiert auch, daß man Zeitung liest und sich somit für das Tagesgeschehen interessiert. Daß dies nicht ganz uninteressant für eine erfolgreiche Bewerbung oder den Verlauf eines Vorstellungsgespräches ist, können Sie auf Seite 67 ▶ nachlesen. Eine Checkliste für das Sammeln und Analysieren von Anzeigen finden Sie auf Seite 14. ▶

### EXPERTENTIP:

VORSICHT ist bei Anzeigen für Ausbildungsplätze unter Chiffre geboten. Seriöse Betriebe haben es nicht nötig, sich zu verstecken.

**Generell ist es günstig,** möglichst viele Adressen von Firmen oder Institutionen, die in Ihren Wunschberufen ausbilden, zu sammeln. Bevor Sie mit Ihren Bewerbungsaktivitäten beginnen, sollten Sie prüfen, ob Sie alle Adressen gleichzeitig anschreiben oder ob Sie einige Firmen mit den dazugehörigen Ausbildungsberufen als »zweite Wahl« zurückbehalten – quasi als Sicherheit, wenn alle aus der ersten Kategorie absagen.

**Bei mündlichen Bewerbungen** (durch persönliche Vorsprachen oder per Telefon) sollten Sie eine Rangordnung aufstellen, in welcher Reihenfolge Sie die Firmen anrufen oder aufsuchen. Orientieren Sie sich dabei an Ihren persönlichen Prioritäten für Berufe oder Firmen. Ansonsten werden Sie eventuell in Terminnot kommen, oder es kann ein großes Durcheinander geben.

**Doch** – einmal abgesehen von den erwähnten Zeitungsanzeigen – wo bekommen Sie weitere Adressen her?

## Die Ausbilder agieren - Sie reagieren:

**Sie sammeln interessante Ausbildungsplatzangebote, auf die Sie sich bewerben wollen.**

Arbeitsamt .............. **Ihr zuständiger** Arbeitsamtsberater nennt Ihnen nach einer Berufseignungsuntersuchung mögliche Adressen. Die Berater dürfen Ihnen aber nur solche Berufe vermitteln, für die Sie ihnen geeignet erscheinen. Wenn Sie dennoch einen anderen Beruf erlernen wollen, müssen Sie selbst aktiv werden.

Broschüren ............. **Banken,** Versicherungen, große Industriebetriebe u.a. haben oftmals Broschüren, mit denen sie um Ausbildungsplatzsuchende werben. Sie geben diese an die Schulen, Arbeitsämter, in ihre Filialen oder machen in den Medien Werbung dafür. Solche Broschüren sind ein wichtiges Hilfsmittel, da sie nützliche Infos für Bewerbungsschreiben und Vorstellungsgespräche enthalten.

Zeitschrift speziell ...... **Beim** Deutschen Institutsverlag, Postfach 51 06 70, 50942 Köln, Telefon:
für Abiturienten und 02 21/3 70 83 41 erscheint für ca. 20,00 DM jährlich eine Zeitschrift »Abiturienten-
Fachoberschüler ausbildung der Wirtschaft«. Sie enthält ca. 380 Adressen von Betrieben in ganz Deutschland, die für Abiturienten und Fachhochschüler spezielle Ausbildungsgänge anbieten. Anforderungen, Aufstiegsmöglichkeiten, Gehalt usw. werden beschrieben. Sie sollten eine Zeitschrift eventuell mit mehreren Klassenkameraden zusammen kaufen.

Schulen ................. **Vor allem** kleinere Betriebe (Handwerk, Handel und Freiberufler) melden freie Ausbildungsplätze oft den Schulen.

Funk- und Fernsehspots.. **Größere** Unternehmen werben heute schon mit ihrer Ausbildungsbereitschaft in Funk und Fernsehen.

## Sie agieren - die Ausbilder reagieren:

**Darüber hinaus können Sie natürlich auch selbst aktiv werden und sich um Adressen bemühen.**

Telefonische Anfragen .... **Rufen Sie** ruhig bei den Firmen/Behörden an, und erkundigen Sie sich, ob Ausbildungsplätze angeboten werden. Bei größeren Betrieben und Behörden fragen Sie nach der Personalabteilung oder dem Ausbildungswesen, bei kleineren (etwa bei Handwerk, Einzelhandel, Arzt-, Steuer- und Anwaltspraxen, Apotheken, Reisebüros) lassen Sie sich am besten gleich die Chefin oder den Chef geben. Achten Sie darauf, daß Sie bei diesem ersten Anruf schon einen sehr guten Eindruck hinterlassen. Gehen Sie strategisch vor, indem Sie das Gespräch mit unseren Tips zum Gesprächsablauf »Telefonische Bewerbung/Anfrage« auf Seite 20f. ► vorbereiten.

Persönliche Vorsprache .. **Statt mit** einer telefonischen Anfrage können Sie auch gleich persönlich nach einem möglichen Ausbildungsplatz fragen. Dies wird auch wieder bei kleineren Betrieben und Freiberuflern, nicht jedoch bei Großbetrieben empfehlenswert sein.

| | |
|---|---|
| **»Vitamin B ...«** | **Wenn Sie** Beziehungen zu Angehörigen von Unternehmungen oder Behörden haben, dann sollten Sie diese unbedingt nutzen und vor der Bewerbung mit diesen Personen sprechen. Selbst wenn Sie keine direkte Fürsprache erreichen, können Sie nützliche Informationen für Ihre Bewerbung erhalten. Arbeiten Ihre Eltern, Verwandte, Freunde, Nachbarn o.ä. in der Firma? Können Sie andere Kontakte knüpfen, zum Beispiel über Vereine, Gemeindeverwaltung, Feuerwehr? Es gibt hier vielfältige Möglichkeiten, über die Sie unbedingt einmal nachdenken sollten. |
| **Telefonbuch, Gelbe Seiten, Telefaxbuch** | **Im Branchenbuch** der in Frage kommenden Stadt, den Gelben Seiten, im Telefon- und im Telefaxbuch können Adressen besorgt werden. (Das Telefaxbuch ist übersichtlicher als ein Telefonbuch, da die zahlreichen privaten Teilnehmer, die nicht über ein Fax verfügen, nicht aufgeführt sind.) Sie können diese Bücher in Ihrem Postamt einsehen, wenn Sie sie nicht selbst haben. |
| **Zeitungsanzeigen für Arbeitsplätze** | **Auch Anzeigen,** mit denen Arbeitsplätze annonciert werden, können für Sie interessant sein. Denn wer heute einen Arbeitsplatz vergibt, kann ja vielleicht später auch Auszubildende suchen. |
| **Kammern** | **Industrie-** und Handelskammern, Handwerks-, Notariats- und Anwalts-, Ärzte- und Zahnärztekammern u.ä. können Ihnen Adressen ihrer Mitglieder nennen. Die Adressen der Kammern erfahren Sie über das Telefonbuch der nächsten größeren Stadt oder das Sekretariat der Berufsschulen. |
| **Anzeigen** | **Sie geben** selbst Anzeigen in der Tageszeitung auf. Eine teure, aber mitunter recht wirkungsvolle Möglichkeit, falls Sie zu wenig Adressen haben (siehe Seite 15f.). ▶ |
| **Freunde, Verwandte u.a** | **Auch wenn** Ihre Freunde, Verwandten, Nachbarn, Bekannten, Vereinskameraden u.a. keine direkten Beziehungen haben (siehe »Vitamin B«), können Sie sie doch einmal nach Adressen von Firmen fragen. |
| **Praktika, Ferienjobs o.ä.** | **Wenn Sie** sich in der Firma/Behörde bewerben, in der Sie ein Praktikum, einen Ferien-/Aushilfsjob o.ä. absolviert haben, sollten Sie die dort gesammelten Erfahrungen in Ihre Bewerbung mit aufnehmen. Sie kennen dann sicherlich den Ansprechpartner für Bewerbungen und wissen, worauf der Betrieb Wert legt. |
| **Mitschüler** | **Es kann** durchaus sein, daß Ihre Mitschüler von mehreren Firmen eine Zusage erhalten. Lassen Sie sich die Adressen von den Firmen geben, denen abgesagt wurde. In Großbetrieben werden die »Nachrücker« genommen. Kommt die Absage aber sehr spät, und es wurde allen anderen Mitbewerbern schon abgesagt, kann der Fall eintreten, daß der Ausbildungsplatz plötzlich frei ist. Daher sollten Sie dort sofort anrufen. Das gleiche gilt für Kleinbetriebe, Handwerker und Freiberufler, bei denen mündliche Bewerbungen vorlagen. Sie können sich ruhig darauf berufen, daß sich Ihr Freund/Bekannter anderweitig entschieden hat und Sie Interesse an seinem Ausbildungsplatz haben. |

## Sammeln Sie weitere wichtige Informationen:

Zeitungen u.a. . . . . . . . . . . **Berichte** in den Medien über Betriebe oder Behörden, bei denen Sie sich bewerben wollen, sollten Sie unbedingt sammeln. Sie können sie für Ihr Bewerbungsschreiben und für Ihr Vorstellungsgespräch gut gebrauchen. Denn gerade bei letzterem erwartet man von Ihnen, daß Sie sich über Ihren zukünftigen Ausbildungsbetrieb informiert haben.

Praktika von Mitschülern     **Auch aus** deren Erfahrungen und Berichten können Sie eventuell wertvolle Infos gewinnen.

Betriebsbesichtigungen . . **Vor allem** Großbetriebe geben regelmäßig die Möglichkeit zu Betriebsbesichtigungen, die Sie nutzen sollten. Sie können sich Ausbildungs- und Arbeitsstätten ansehen, mit Betriebsangehörigen, Ausbildern und Auszubildenden sprechen und auch schriftliche Infos mitnehmen. Es macht einen sehr guten Eindruck, wenn Sie sich bei einer Bewerbung oder einem Vorstellungsgespräch auf diese Besichtigungen und/oder Gespräche beziehen.

Tag der offenen Tür o.ä. . . **Die Aussagen** zur Betriebsbesichtigung gelten auch für den »Tag der offenen Tür«, vor allem für große Firmen, Behörden und bei Neueröffnungen, sowie für Sonderveranstaltungen, wie Jubiläen oder andere Werbeveranstaltungen von kleineren Firmen.

# Anzeigen

**Zeitungsanzeige vom:**

**in:**

(mehrfach kopieren,
interessante Anzeigen auf-
kleben und in einem extra
Ordner aufbewahren)

(hier Anzeige einkleben)

**Ausbildungsbetrieb:**

**Branche:**

**geforderte Unterlagen:**

**Ausbildungsberuf:**

**nötiger Schulabschluß:**

**Ausbildungsbeginn:**

**Bewerbung abgeschickt:**

## Selbst aktiv werden: Welche Anzeige bringt's?

**EXPERTENTIP:**

FÜR AUSBILDUNGSPLÄTZE bei Behörden, öffentlichen Verwaltungen, Bahn, Post usw. ist dieser Weg weniger sinnvoll als für Ausbildungsplätze bei privaten Unternehmungen.

**Sie haben noch keine** oder zu wenig geeignete Adressen für Bewerbungen ermittelt? Wählen Sie den zwar etwas teureren, aber oftmals erfolgreichen Weg der eigenen Stellenanzeige. Gehen Sie auch hier mit System vor und orientieren Sie sich an den drei W's:

### Wann sollten Sie eine Anzeige aufgeben?

➤ Sie haben trotz anderer Bemühungen noch keine geeigneten Adressen erhalten.
➤ Sie suchen einen Platz für einen nicht alltäglichen Ausbildungsberuf (zum Beispiel Zahntechniker, Goldschmiedin, ...).
➤ Sie würden auch in ein anderes Gebiet ziehen.

### Wo sollten Sie die Anzeige aufgeben?

**Jeweils in der** regionalen Tageszeitung Ihres Zielgebietes.

### Wie sollten Sie die Anzeige gestalten?

**Obwohl Kleinanzeigen** im Stellenteil der Tageszeitungen nach Zeilen bezahlt werden müssen, sollten Sie Ihr »Angebot« zwar knapp, aber auch wirkungsvoll gestalten.

| Inhalt | Muster | Gestaltung |
|---|---|---|
| Sie sollten folgende Fragen beantworten:<br>● Wer sind Sie? ...................➤<br>●● Was bieten Sie? ..............➤<br>●●● Was suchen Sie? .............➤<br><br>Wie sind Sie zu erreichen? .........➤ | **Fachoberschülerin (19)**<br>Wirtschaft und Verwaltung, sucht zum 01.08.19.. Ausbildungsplatz als Industriekauffrau, Telefon 0 66 93/3 46 78 | Mindestens das erste Wort in Fettdruck, optisch besser die gesamte Anzeige (wenn Sie keinen Rahmen wählen).<br>Die Anzeigenannahme zeigt Ihnen verschiedene Muster für eine Umrahmung, mit der Sie Ihre Anzeige optisch hervorheben können. (Siehe hierzu auch die Beispielanzeigen auf Seite 16.) ► |

Am besten geben Sie Ihre Telefonnummer an, das ist preiswerter, schneller und unkomplizierter als mit Chiffre. Auf Telefongespräche sollten Sie sich unbedingt anhand unserer Hinweise auf Seite 20f. ► vorbereiten.

**EXPERTENTIP:**

EINE CHIFFRE-ANZEIGE ist nur dann zu empfehlen, wenn Sie einen Ausbildungsplatz in Aussicht haben, sich dennoch aber weiter bewerben wollen. Chiffre-Anzeigen sind teurer als Anzeigen mit Ihrer Telefonnummer. Der Preis ist davon abhängig, ob Sie die Zuschriften abholen oder sich zuschicken lassen. Ein weiterer Vorteil der Chiffre liegt darin, daß Sie nicht unvorbereitet angerufen werden und sich Ihre Antwort in Ruhe überlegen können.

Für den Ausbilder wichtige Zusatzqualifikationen verteuern zwar die Anzeige, sind aber erfolgreicher. Zu nennen wären zusätzliche Schulabschlüsse, Führerschein, Zertifikate u.a.

Folgende Muster können Ihnen bei dem Entwurf Ihrer Anzeige helfen:

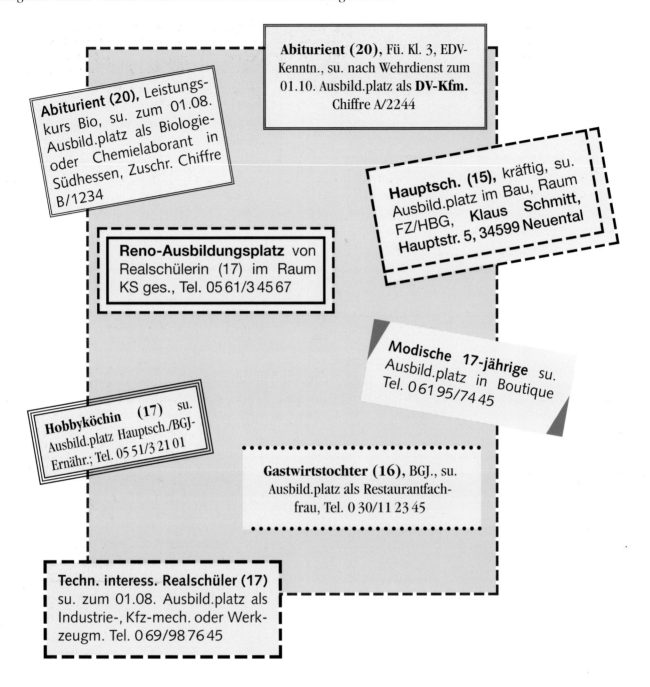

**Abiturient (20),** Leistungskurs Bio, su. zum 01.08. Ausbild.platz als Biologie- oder Chemielaborant in Südhessen, Zuschr. Chiffre B/1234

**Abiturient (20),** Fü. Kl. 3, EDV-Kenntn., su. nach Wehrdienst zum 01.10. Ausbild.platz als **DV-Kfm.** Chiffre A/2244

**Hauptsch. (15),** kräftig, su. Ausbild.platz im Bau, Raum FZ/HBG, Klaus Schmitt, Hauptstr. 5, 34599 Neuental

**Reno-Ausbildungsplatz** von Realschülerin (17) im Raum KS ges., Tel. 05 61/3 45 67

**Modische 17-jährige** su. Ausbild.platz in Boutique Tel. 0 61 95/74 45

**Hobbyköchin (17)** su. Ausbild.platz Hauptsch./BGJ-Ernähr.; Tel. 05 51/3 21 01

**Gastwirtstochter (16),** BGJ., su. Ausbild.platz als Restaurantfachfrau, Tel. 0 30/11 23 45

**Techn. interess. Realschüler (17)** su. zum 01.08. Ausbild.platz als Industrie-, Kfz-mech. oder Werkzeugm. Tel. 0 69/98 76 45

**Bei zweifelhaften** Ausbildungsplatzangeboten fragen Sie lieber vorher die zuständige Handwerks- oder Industrie- und Handelskammer. »Schwarzen Schafen« kommt man so schnell auf die Spur und vermeidet auf diese Weise womöglich eine Fehlentscheidung.

»Viel Geld verdienen in kurzer Zeit ... für unabhängige Jugendliche ...« – diese oder ähnliche Angebote sind meist unseriöse »Drückerjobs«. Sie sind völlig ungeeignet – auch zur Überbrückung etwaiger Wartezeiten oder Arbeitslosigkeit. Darum: Hände weg von diesen Angeboten!

**Zum Schluß** noch folgender Rat: Selbst wenn die Sorge, keinen Ausbildungsplatz zu erhalten, noch so groß ist, sollte man keinesfalls irgend etwas oder das erstbeste Angebot nehmen. Denn nicht jeder Betrieb muß passen. Es bringt nichts, sich überall und damit auch bei solchen Betrieben zu bewerben, die von vornherein nicht in Frage kommen.

**Nutzen Sie** die Checkliste auf Seite 17 ► daher für eine systematische Auswertung:

Welche Bedingungen erwarten mich, was kann ich akzeptieren, wo möchte ich am liebsten ausgebildet werden?

# Check ✔ liste

# Ausbildungsbetriebe

| Betrieb /Ort | Entfer-nung (km) | Verkehrs-mittel | Arbeits-weg (Min.) | Spätere Auf-stiegs- und Berufschancen gut/mittel/ schlecht | Vergütung hoch/ mittel/ schlecht | Ruf der Firma sehr gut/ gut/ weniger gut | persönlich ginge ich da … sehr gern/ gern/nur ungern hin |
|---|---|---|---|---|---|---|---|
| | | | | | | | |
| | | | | | | | |
| | | | | | | | |
| | | | | | | | |
| | | | | | | | |
| | | | | | | | |
| | | | | | | | |
| | | | | | | | |

# Telefonische und

## Von Anfang an überzeugen

»*Hiermit bewerbe ich mich bei Ihnen um einen Ausbildungsplatz als…*«
– *wer diesen Satz als Ausbilder zum xten Mal lesen muß, wird kaum ein Gähnen unter-drücken können.*
*Es lohnt sich also, über eine überzeugendere (Selbst-) Darstellung nachzudenken.*
*Tips für gelungene Bewerbungsschreiben wie auch für das Auf-treten am Telefon erhalten Sie hier.*
*Außerdem erfahren Sie, welche Unterlagen bei einer vollständigen Bewerbung erwartet werden.*

# schriftliche Bewerbung

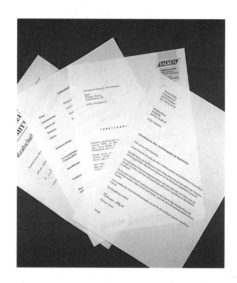

**M**it Ihrer Bewerbung werben Sie für sich, Sie bieten sich an. Und Werbeaktionen sollten nach der sogenannten »AIDA-Regel« ablaufen. Das gilt auch für Ihre Bewerbung. Sie soll bei dem Umworbenen (dem Chef oder zustän-

digen Personalsachbearbeiter) folgende Ziele erreichen:

**A**ttention **(Aufmerksamkeit):** Sie wollen auf sich aufmerksam machen.

**I**nterest **(Interesse):** Mit Ihrer Bewerbung wollen Sie Interesse an Ihrer Person wecken.

**D**esire **(Wunsch):** Sie wollen bei dem Umworbenen den Wunsch erzeugen, Sie kennenzulernen.

**A**ction **(Handlung):** Er soll Sie zum Vorstellungsgespräch (oder Test) einladen.

Dies gilt für eine telefonische Anfrage ebenso wie für schriftliche Bewerbungen.

## Erst einmal vorfühlen: Die Anfrage

**S**ie bewerben sich mit System. Das heißt auch, daß Sie versuchen, keine unnötigen Bewerbungen zu verschicken, und so Zeit und Geld sparen.

**Daher sollten Sie** sich zunächst telefonisch nach Ausbildungsmöglichkeiten erkundigen.

**Eine Anfrage** wäre auch in schriftlicher Form möglich. Wir empfehlen Ihnen aber den telefonischen Weg, das ist einfacher und schneller.

### EXPERTENTIP:

WENN BETRIEBE in Anzeigen oder Broschüren um Auszubildende werben und für Fragen die Telefonverbindung angeben, sollten Sie dort auch anrufen. Sie erhalten eventuell wichtige Infos für Ihre schriftliche Bewerbung.

Sie erfahren:
➤ ob der Betrieb/die Verwaltung o.ä. zu diesem Termin überhaupt einen oder mehrere Azubis sucht,
➤ in welchen Berufen ausgebildet wird,
➤ welche Schulabschlüsse erwartet werden.

**Viele kleinere** Handwerks- und Handelsbetriebe, aber auch Freiberufler (zum Beispiel Ärzte, Anwälte, Notare, Steuerberater) verzichten – vor allem dann, wenn Sie persönlich bekannt sind – nach einer telefonischen Anfrage auf eine schriftliche Bewerbung und laden Sie möglicherweise gleich zu einem Vorstellungsgespräch ein.

**Bereiten Sie Ihren** Anruf unbedingt vor. Die nachfolgenden Hinweise und Tips sollen Ihnen dabei helfen.

## Oft der schnellste Weg: Die telefonische Bewerbung

**E**gal ob Sie nur eine Voranfrage stellen (siehe oben) oder sich gleich telefonisch bewerben, Sie sollten nicht unvorbereitet ans Werk gehen. Denn: Sie müssen mit einem Telefongespräch innerhalb einer kurzen Zeit bei Ihrem Gesprächspartner ein Interesse wecken, Sie persönlich kennenzulernen.

**Ein möglichst guter** erster Eindruck kann bereits Ihre Eintrittskarte sein. Dies gilt natürlich ganz besonders für kleinere Betriebe, bei denen Sie mit dem Chef, der Chefin oder dem für die Einstellungen zuständigen Mitarbeiter sprechen.

### Ihre Vorbereitung:

**Nach dem Motto:** »Der erste Eindruck ist der beste« sollten Sie sich gründlich überlegen:
- ➤ **wie Sie sich** überzeugend darstellen, gleichsam für sich werben,
- ➤ **welche Fragen Ihnen** gestellt werden könnten und was Sie darauf antworten,
- ➤ **welche Fragen Sie** Ihrem Gesprächspartner stellen wollen.

**Orientieren Sie sich** dazu an unseren Hinweisen zum Gesprächsablauf (siehe Seite 21). ➤

**EXPERTENTIP:**

ÜBEN SIE das Telefongespräch allein (sprechen Sie das Gespräch laut durch) oder noch besser mit einem Freund, einer Freundin, Eltern oder Geschwistern.

### Vor dem Telefongespräch:

**1.** **Sorgen Sie** dafür, daß Sie ungestört telefonieren können.

**2.** **Legen Sie** sich folgende Unterlagen zurecht:
- ➤ Tips zum Gesprächsverlauf (Seite 21) ➤
- ➤ Papier und Stift für Notizen
- ➤ Ihren Lebenslauf
- ➤ Anzeige oder Broschüre des Ausbilders (falls vorhanden)

**3.** **Ein Vorteil** ist es, daß Sie den Zeitpunkt des Gespräches bestimmen. Sie können sich also »mental« auf dieses Gespräch vorbereiten. Sicherlich kennen Sie den Spruch von Boris Becker nach einer Niederlage »Ich war heute mental nicht gut drauf...« Tatsächlich bereiten sich Sportler auf den Wettkampf und auch Künstler auf ihren Auftritt »mental« vor.

**EXPERTENTIP:**

MENTALE VORBEREITUNG:
Setzen Sie sich ganz ruhig hin. Seien Sie locker und entspannt. Konzentrieren Sie sich jetzt auf Ihr Gespräch. Denken Sie an nichts anderes. Nehmen Sie Ihre Notizen und gehen Sie das Gespräch noch einmal gedanklich durch. Sie wissen, daß Sie wegen Ihrer guten Vorbereitung einen positiven Eindruck hinterlassen werden. Wenn Sie merken, daß Sie trotz der inneren Anspannung ruhig und fit genug sind, dann legen Sie los (rufen Sie an).

## Der Gesprächsablauf

**Bei größeren Firmen** oder Behörden haben Sie zunächst die Telefonzentrale am Apparat, bei kleineren Betrieben eventuell eine Sekretärin, einen Mitarbeiter oder gleich den Chef.

### 1. Schritt:

Nennen Sie deutlich Ihren **Namen.**
Lassen Sie sich den für die Einstellung der Azubis **zuständigen Sachbearbeiter oder den Chef** geben.
Lassen Sie sich nicht abwimmeln. Sollten Sie merken, daß Ihr Anruf völlig ungelegen kommt, fragen Sie nach einem **Zeitpunkt,** zu dem Sie nochmals anrufen können.

### 2. Schritt:

Wenn Sie mit dem zuständigen Gesprächspartner verbunden worden sind, nennen Sie erneut deutlich Ihren **Namen,** begrüßen den Gesprächspartner und erläutern den **Grund** Ihres Anrufes.
Sprechen Sie langsam und deutlich. Machen Sie **kurze und präzise Angaben,** ohne unwichtige Ausschweifungen. Sprechen Sie Ihren Gesprächspartner mit seinem Namen an, das klingt persönlicher. Sollten Sie den Namen nicht gleich verstanden haben, fragen Sie ruhig höflich nach.

### 3. Schritt:

Begründen Sie, warum Sie diesen **Ausbildungsberuf** gern erlernen würden.

### 4. Schritt:

Begründen Sie, warum Sie sich gerade für diese **Firma** interessieren.

### 5. Schritt:

Wenn Ihnen dazu Gelegenheit gegeben wird, **stellen Sie Fragen,** zum Beispiel über die Unternehmung, die Ausbildung und auch über die Bewerbungsmodalitäten. Fragen Sie, welche Unterlagen Sie mitschicken (oder mitbringen) sollen. Fragen Sie nach eventuellen Tests.

### 6. Schritt:

Beenden Sie das Gespräch positiv: **Bedanken Sie sich** für das persönliche, aufschlußreiche Gespräch. Sagen Sie zu, daß Sie Ihre Bewerbung mit den geforderten Unterlagen unmittelbar zuschicken werden (falls dies gewünscht wird).
Betonen Sie zum Schluß nochmals, daß Sie gern in der Firma ausgebildet würden und gern zum Vorstellungsgespräch kommen werden (oder würden).

### EXPERTENTIP:

LASSEN SIE Ihren Gesprächspartner immer ausreden. Seien Sie nicht besserwisserisch, und korrigieren Sie ihn nicht einfach. Sollten Sie anderer Meinung sein als er, zeigen Sie für seine Ansicht zuerst Verständnis, und bringen Sie dann höflich Ihre Gegenargumente. Zum Beispiel sagen Sie nicht: »Das ist falsch, daß ein Hauptschüler diese Anforderungen nicht schafft«, sondern formulieren Sie es etwa so: »Ihr Einwand, ..., ist verständlich, aber dennoch bin ich überzeugt, daß ich es schaffen werde und Sie zufriedenstellen kann.«

**Standardisierte Anschreiben** scheiden damit aus. Machen Sie daher keinen der folgenden Fehler:

➤ **Massenrundbriefe:**

Versenden Sie keine »Rundschreiben«, die für alle Betriebe gleich sind. Das erleichtert zwar Ihre Arbeit, ist jedoch wenig erfolgversprechend. Sie können nicht auf Besonderheiten des jeweiligen Unternehmens eingehen. Informieren Sie sich über das Unternehmen, und schreiben Sie es dann gezielt an.

➤ **Musterbewerbungen:**

Schreiben Sie nicht einfach vorgegebene Bewerbungsanschreiben ab. Diese können weder Ihre persönlichen Voraussetzungen noch die individuellen Merkmale des Betriebes berücksichtigen. Wie können Sie mit einer Einheitsbewerbung dem Arbeitgeber zeigen, daß gerade Sie für seinen Betrieb der Richtige sind?

Stellen Sie sich vor, Sie würden zahlreiche Bewerbungsbriefe erhalten und müßten immer wieder den gleichen Text lesen. Sie wüßten dann schon, aus welchem Buch diese Bewerbung abgeschrieben wurde.

## Ihre Visitenkarte: Das Bewerbungsschreiben

**Jetzt geht es an** die Arbeit – Sie wollen Ihre Bewerbungsbriefe schreiben. Zugegeben, das kostet einige Mühe. Gehen Sie hierbei mit System vor, damit sich die Mühe auch lohnt ...

**Ihr Bewerbungsschreiben** sollte ganz natürlich sein, nicht künstlich aufgemotzt, aber auch nicht lieblos heruntergeschrieben. Übertreibungen und unbegrenztes Selbstlob sind dabei genauso fehl am Platze wie eine zu große Bescheidenheit. Das Bewerbungsschreiben verrät mehr über Ihre Person, als Sie zunächst vermuten. In jedem Falle kann man daraus erste Schlüsse ableiten, wie ernst Sie es mit Ihrer Bewerbung meinen.

**Dementsprechend** muß auch der Inhalt der Bewerbung sein: eine persönliche Darstellung, die es Ihrem künftigen Arbeitgeber ermöglicht, sich ein erstes Bild von Ihnen zu machen.

**EXPERTENTIP:**

VERWENDEN SIE NICHT die im Schreibwarenhandel erhältlichen Bewerbungsmappen mit Vordrucken zum Ausfüllen für Bewerbungsanschreiben und Lebenslauf. Sie zeigen dem Arbeitgeber, daß Sie sich nicht zutrauen, Ihre Bewerbung selbständig zu schreiben. Die Fähigkeit, selbständig zu arbeiten, ist aber ein wesentliches Merkmal, das von Ihnen verlangt wird.

Im folgenden werden die Form und der Aufbau eines erfolgversprechenden, persönlichen Bewerbungsschreibens erklärt. Anschließend finden Sie einige Musterbriefe für verschiedene Berufe. Sie geben Ihnen einen ersten Eindruck, wie Ihr Anschreiben aussehen könnte. Zahlreiche Textbausteine können Sie alternativ verwenden.

**Die Textbausteine** auf Seite 32ff. sollen Ihnen Denkanstöße für die Gestaltung individueller Bewerbungsschreiben geben. Ihre eigenen Merkmale können Sie unter »Mein persönliches Profil« zusammenstellen.

## Äußere Form:

Ob es sich um einen kaufmännischen oder einen gewerblichen Beruf handelt: Das Anschreiben entscheidet, welchen ersten Eindruck der Ausbilder von Ihnen bekommt. Lassen Sie es deshalb nicht an der Form scheitern. Auch hier gibt es bestimmte Regeln, die ganz einfach sind:

➤ Verwenden Sie nur weißes DIN-A-4-Papier.

➤ Nehmen Sie ein neues Farbband für Schreibmaschine oder Drucker.

➤ Schreiben (beziehungsweise unterschreiben) Sie mit Füllhalter oder dünnem Faserschreiber – dunkelblau – statt mit Kugelschreiber.

➤ Achten Sie auf Rechtschreibung, Ausdruck, Zeichensetzung und Grammatik. Ihr Brief muß fehlerfrei sein.

➤ Wenn Sie Fehler finden, schreiben Sie den Brief neu; machen Sie keine Korrekturen durch Radieren, Streichungen, Überschreiben oder mit Tipp-Ex.

➤ Halten Sie sich an die vorgegebene Norm DIN 5008 für Geschäftsbriefe (siehe Seite 24) ► oder handschriftlich an die Vorgabe durch das Linienblatt (siehe Seite 35). ►

➤ Gliedern Sie den Text durch Absätze.

➤ Schreiben Sie nicht mehr als eine Seite (mit der Maschine) oder höchstens zwei Seiten mit der Hand.

➤ Achten Sie darauf, daß das Blatt keine Eselsohren, Knicke oder Flecken hat.

**EXPERTENTIP:**

MACHEN SIE SICH einen Durchschlag oder eine Kopie des Anschreibens, damit Sie es vor einem Vorstellungsgespräch noch einmal durchlesen können.

**In der Regel wird** die Bewerbung mit der Maschine oder dem PC geschrieben. Bei kaufmännischen Berufen ist dies fast selbstverständlich.

**Besteht diese** Möglichkeit nicht, kann sie natürlich auch handschriftlich angefertigt werden. Für viele handwerkliche Berufe, aber auch zum Beispiel für Verkäufer und Handelsfachpacker ist dies durchaus möglich. Sie sollten aber in jedem Fall ein Linienblatt verwenden. Ein Blatt mit den wichtigsten Markierungen finden Sie auf der Seite 35 ► in diesem CheckUp. Am besten, Sie kopieren es, um es immer zur Hand zu haben.

**Maschinenschriftliche** Bewerbungsschreiben müssen nach der DIN-Norm 5008 verfaßt sein. Diese »Brief-Norm« finden Sie auf der folgenden Seite.

**Oberer Rand: 4 Leerzeilen**

| | | |
|---|---|---|
| **5. Zeile** | Vorname, Name<br>Straße<br>PLZ Wohnort<br>Tel.:<br>– (evtl. Telefax) | **Absenderangabe:**<br>Vollständiger Absender oben links mit Telefon- und eventuell Faxnummer. |

**Rand links ca. 2,4 cm (Grad 10)**

**Datum (Monat ausgeschrieben)**

**Datum:**
Grad 50 (ca. 12,5cm vom linken Blattrand). Auf aktuelles Datum achten. Neben der ausgeschriebenen Form sieht die DIN 5008 neuerdings die internationale Schreibweise Jahr-Monat-Tag (mit Bindestrichen) vor; also: 96-12-05 oder 1996-07-28.

**Rand recht ca. 1-2 cm (Grad 70±5**

| | | |
|---|---|---|
| **15. Zeile** | Betrieb<br>Abt.: Ausbildung<br>Straße/Postfach<br>–<br> PLZ Ort | **Empfängeranschrift:**<br>Betrieb einsetzen.<br>In jedem Fall »Abt. Ausbildung« schreiben, damit der Brief gleich dort ankommt, wo er hinsoll. |

**Achtung:** Die Anschrift muß in das Fenster des Briefumschlages passen!

| | | |
|---|---|---|
| **24. (+25.) Zeile** | Bewerbung um einen Ausbildungsplatz als ...<br>Anzeige in der ... vom ... | **Betreffzeile:**<br>Hier schreiben Sie, worum es geht.<br>**Bezugszeile:**<br>Hinweise auf Informationen, die Sie zu der Bewerbung veranlaßt haben. |
| **27. (28.) Zeile** | Sehr geehrte Damen und Herren,<br>– | **Anrede:**<br>Hier: allgemein.<br>Wenn Sie den Ansprechpartner kennen: Namen einsetzen. |

Brieftext
Brieftext
Brieftext

Brieftext
Brieftext
Brieftext
Brieftext
–

**Textblock:**
Hier formulieren Sie Ihre Bewerbung.
Auf Leerzeilen zwischen Absätzen achten.

Brieftext
Brieftext
Brieftext
Brieftext
–

Brieftext
Brieftext
–

Mit freundlichen Grüßen

**Grußformel:**
Nicht mehr »Hochachtungsvoll«, sondern in modernerer Form.

**(Anlagen eventuell auch hier)**

**Anlagen:**
Hier in Höhe der Grußformel, Grad 50
(ca. 12,5 cm vom linken Blattrand).

(Unterschrift)

Anlagen:

**Anlagen:**
Aufzählung der Unterlagen, die der Bewerbung beigefügt sind.

# Bewerbungsschreiben nach DIN 5008

## Erläuterungen

### Empfängeranschrift:

Bei kleineren Firmen, wie Handwerks- und kleinen Einzelhandelsbetrieben, sowie Freiberuflern (Ärzten, Steuerberatern, Anwälten, Notaren, Apothekern, Architekten) adressieren Sie den Brief an den Inhaber direkt. Nennen Sie auch eventuelle Titel. Beispiele:

```
Herrn Rechtsanwalt          Heizungs- u. Lüftungsbau
Dr. jur. Gerd Wunsch        Kniese & Sohn OHG
Birkenweg 12                Herrn Heinrich Kniese
                            Ringstr. 7
34599 Neuental
                            34599 Neuental
```

Schreiben Sie zum Beispiel an eine Anwaltskanzlei, so nennen Sie die Namen nicht (siehe Beispiel links). Ist bei größeren Firmen in der Anzeige ein Ansprechpartner angegeben, nehmen Sie ihn auf (Beispiel Mitte), wenn nicht, adressieren Sie an die »Abt. Ausbildung« oder die Personalabteilung (Beispiel rechts). Achten Sie auf die genaue Firmenbezeichnung:

```
Anwaltskanzlei        BAVARIA                    Volkswagenwerk AG
Schelkmann u. Partner Objekt- u. Betreuung GmbH  Personalabteilung
Postfach 1122         Frau Scherzer              Postfach 3030
                      Hauptstr. 65
34599 Neuental                                   35001 Baunatal
                      35008 Lohfelden
```

Handelt es sich um einen Filialbetrieb oder eine Niederlassung, nehmen Sie diese Angaben als Zusatz auf (Beispiel links). Wenn Sie Ihre Bewerbung an öffentliche Einrichtungen oder Verwaltungen richten, verfahren Sie wie in dem Beispiel rechts:

```
XXX-Bank AG           Kreiskrankenhaus Kassel
Filiale Oberhof       Personalabteilung
Herrn Klein           Postfach 1122
Bing-Platz 4
                      34500 Kassel
18190 Oberhof
```

### Betreff- und Bezugszeile:

Die Wörter »Bezug« oder »Betreff« entfallen. Nennen Sie den Grund Ihres Schreibens. Haben Sie schon eine telefonische Voranfrage gestellt oder ein Schreiben bekommen, so beziehen Sie sich in der zweiten Zeile darauf. Nennen Sie das Zeichen des Briefes. Sie können die Bezugszeile optisch durch »Fettdruck« hervorheben. Beispiel:

**Bewerbung um einen Ausbildungsplatz als Speditionskauffrau**
**Ihr Schreiben vom 12.01.96 – Ihr Zeichen ms/ab**

### Anrede:

Nennen Sie den Namen (mit akademischem Titel), wenn Sie ihn kennen. Sonst verwenden Sie die allgemeine Anrede »Sehr geehrte Damen und Herren,«. Setzen Sie hinter die Anrede ein Komma, und beginnen Sie den nachfolgenden Text klein.

### Textblock:

Er sollte aus folgenden Textbausteinen bestehen:
➤ Bewerbungsaussage: Beziehen Sie sich auf eine Anzeige, telefonische Anfrage oder eine andere Information, aufgrund der Sie sich um einen Ausbildungsplatz bewerben.
➤ Grund der Bewerbung: Begründen Sie Ihren Berufswunsch und eventuell den Wunsch, warum Sie gerade in dieser Firma einen Ausbildungsplatz anstreben.
➤ Ihre Qualifikationen: Nennen Sie die Fähigkeiten, die Sie für diese Ausbildung mitbringen.
➤ Anlagen: Gehen Sie auf die beiliegenden Anlagen kurz ein. Begründen Sie beiliegende Bescheinigungen, und bieten Sie gegebenenfalls weitere Zeugnisse an.
➤ Schlußsatz: Bitten Sie um die Einladung zum Vorstellungsgespräch, denn die ist schließlich das Ziel Ihrer Bewerbung.
➤ Grußformel mit Unterschrift: Schreiben Sie den Text »Mit freundlichen Grüßen«. Das »Mit« wird groß geschrieben, wenn der Schlußsatz beendet ist. Wenn Sie im Schlußsatz schreiben »... und verbleibe«, dann beginnen Sie die neue Zeile klein »mit freundlichen ...«.

Lassen Sie ausreichend Platz für Ihre Unterschrift (Vor- und Zuname). Die handschriftliche Unterschrift wird mit der Maschine darunter wiederholt.

### Anlagen:

Führen Sie die Anlagen (möglichst untereinander) auf.

## Inhalt:

Zu welchen Punkten Sie sich äußern sollten, erfahren Sie oben (unter »Textblock«). Beachten Sie daneben noch Generelles zum Inhalt:
➤ Schreiben Sie kurze, einfache Sätze mit klaren Aussagen.
➤ Beginnen Sie neue Gedankengänge in einem neuen Absatz.
➤ Wenn Sie sich auf eine Anzeige oder eine Broschüre bewerben, analysieren Sie zuerst deren Inhalt. Gehen Sie unbedingt auf die dort gemachten Aussagen ein.

Weitere Anregungen geben Ihnen die folgenden Musterbriefe, die Sie natürlich individuell abwandeln sollten.

Petra Viehmann 16. März 19..
Mainweg 15
34577 Marburg/L.
Tel. 0 64 21/65 43 21

Steuerbüro Paul
Herrn Walter Paul
Bahnhofstr. 1

34577 Marburg/L.

**Bewerbung um einen Ausbildungsplatz als Steuerfachangestellte**
**Unser Telefongespräch vom 15. März 19..**

Sehr geehrter Herr Paul,

wie im o.g. Telefongespräch vereinbart, sende ich Ihnen hiermit meine Bewerbungsunterlagen. Ich möchte nochmals betonen, daß ich sehr gern am 1. August 19.. bei
Ihnen als Auszubildende beginnen würde.

In der Berufsberatung habe ich mich eingehend über den Beruf »Steuerfachangestellte« informiert. Ich bin sicher, daß mir die Ausbildung und der Beruf Spaß
machen werden.

Wie Sie aus beiliegenden Halbjahreszeugnissen der Berufsfachschule »Wirtschaft und
Verwaltung« ersehen können, machen mir die Bürotätigkeiten besonderen Spaß.
Beweis sind die guten Noten in den Fächern »Bürotechnik«, »Schreibmaschine«
und »DV«. Das Lesen und die Anwendung von Gesetzestexten bereitet mir in der
Schule ebenfalls keine Schwierigkeiten. Englisch ist nicht mein stärkstes Fach, doch
denke ich, daß dies in einem steuerberatenden Beruf nicht im Vordergrund steht.

Für ein persönliches Vorstellungsgespräch stehe ich Ihnen nachmittags gern zur
Verfügung. Bis dahin verbleibe ich

mit freundlichen Grüßen Anlagen:
2 Zeugniskopien
Lebenslauf mit Foto

*Petra Viehmann*

Petra Viehmann

Michael Mühlhausen                                    Berlin, 15. Juli 19..
Bergstraße 38
13355 Berlin
Tel.: 0 30/5 13 24 56

Hobby-Markt
Preisi-GmbH & Co KG
Personalabteilung
Bergrutenpfad 30

13158 Berlin

**Bewerbung um einen Ausbildungsplatz als Einzelhandelskaufmann**

Sehr geehrte Damen und Herren,

zur Zeit besuche ich die Willy-Brandt-Schule in Berlin-Spandau. Mitte Juni des nächsten
Jahres werde ich dort meinen Realschulabschluß erreichen. Danach würde ich gerne eine
Ausbildung als Einzelhandelskaufmann bei Ihnen beginnen.

Während des vergangenen Schuljahres habe ich in einem zweiwöchigen Praktikum in
einem Baumarkt zahlreiche Eindrücke über den beruflichen Alltag sammeln können.
Ich kann mir sehr gut vorstellen, in diesem Beruf zu arbeiten, weil ich auch privat
sehr kontaktfreudig bin. Bei dem Beruf des Einzelhandelskaufmannes glaube ich eine
gute Verbindung von Kundenberatungen und kaufmännischen Schreibtischtätigkeiten
vorzufinden.

Da ich in meiner Freizeit gern bastele und auch im Fach Werken immer sehr gute
Noten hatte, glaube ich, daß ich mich in die Warenkunde schnell einarbeiten kann.
Ich würde mich freuen, wenn ich mich persönlich bei Ihnen vorstellen dürfte.

Mit freundlichen Grüßen

*Michael Mühlhausen*

Michael Mühlhausen

Anlagen:    Zeugniskopie Klasse 9
            Lebenslauf mit Foto
            Praktikumsbescheinigung

Claudia Müller                                         17. August 19..
Eichenweg 17
01217 Dresden
Tel.: 03 51/12 12 12


Geldwert Bank AG
Filiale Dresden
Personalabteilung
An der Frauenkirche 1-4

01067 Dresden


**Bewerbung um einen Ausbildungsplatz als Bankkauffrau zum 1. August 19..**
**Ihre Anzeige in der »Dresdner Morgenpost« vom 15.August 19..**


Sehr geehrte Damen und Herren,

mit großem Interesse habe ich Ihre o.g. Anzeige gelesen. Da ich Bankkauffrau werden
möchte, bewerbe ich mich hiermit um einen Ausbildungsplatz in Ihrer Bank zum
1. August 19... Zur Zeit besuche ich die Klasse 12 des hiesigen Humboldt-Gymnasiums
– wie Sie den beigefügten Zeugnissen entnehmen können, mit recht gutem Erfolg.

Die in Ihrer Anzeige geforderten Eigenschaften bringe ich mit. So gelte ich als ausge-
sprochen kontaktfreudig und aufgeschlossen, was sicherlich in späteren Kundenge-
sprächen von Vorteil sein wird. Daß ich strebsam und ausbildungswillig bin, zeigen
neben meinen bisherigen schulischen Leistungen auch die mit Erfolg besuchten
DV-Kurse »Windows 95« und »Word – Version 7.0«. Im Team zu arbeiten machte mir
schon in den Leistungskursen der Schule besonderen Spaß.

Schon zum zweiten Male habe ich am »Börsenspiel« der Sparkassen teilgenommen.
Generell interessieren mich wirtschaftliche Fragen ganz besonders. Ich verfolge diese in
der Tageszeitung, aber auch in verschiedenen Wirtschaftsmagazinen im Fernsehen.

Ich glaube schon, daß ich die Frau bin, die in Ihr junges, ehrgeiziges Team paßt, und
würde mich über eine Einladung zum persönlichen Gespräch ganz besonders freuen.

Mit freundlichen Grüßen                         Anlagen: 2 Zeugnisse der Klasse 11
                                                                     (Kopien)
*Claudia Müller*                                                 2 Bescheinigungen der
                                                                     VHS über DV-Kurse
Claudia Müller                                                tabellarischer Lebenslauf
                                                                     Lichtbild

Lisa Sandrock
Höfener Straße 20
90431 Nürnberg
Tel.: 09 11/1 23 44 45

Nürnberg, 25. Oktober 19..

Metallfabrik META-GmbH
– Personalleitung –
Hohlbeinstraße 18 - 22

90441 Nürnberg

**Bewerbung um einen Ausbildungsplatz als Metallbauerin**
Anzeige in den »Nürnberger Nachrichten« vom 21. Oktober 19..
Unser Telefongespräch vom 22. Oktober 19..

Sehr geehrte Damen und Herren,

ich nehme Bezug auf unser Telefongespräch vom 22. Oktober und die Anzeige in den Nürnberger Nachrichten und bewerbe ich mich bei Ihnen um einen Ausbildungsplatz als Metallbauerin zum 01. August 19... Nachdem ich im Juli dieses Jahres die Hauptschule mit dem Abschlußzeugnis verlassen habe, besuche ich auf Empfehlung des Arbeitsamtes zur Zeit das Berufsgrundbildungsjahr Metalltechnik an den Beruflichen Schulen Nürnberg.

Ich fühle mich in dieser Schulform sehr wohl, weil ich gerne praktisch arbeite. Auch in der Hauptschule war Werken schon immer mein Lieblingsfach. In meiner Freizeit bastele und repariere ich sehr gerne. In mehreren Berufsberatungen des Arbeitsamtes hat es sich bestätigt, daß ein praktischer Handwerksberuf für mich sehr geeignet wäre.

Nicht zuletzt wegen der räumlichen Nähe zu meinem Elternhaus würde ich sehr gerne eine Ausbildung bei Ihnen beginnen. Die notwendigen Bewerbungsunterlagen füge ich bei. Gerne würde ich mich bei Ihnen persönlich vorstellen.

Ich hoffe, daß ich eine Chance habe, obwohl Mädchen in diesem Beruf bisher sicher eher die Ausnahme sind.

Mit freundlichen Grüßen

*Lisa Sandrock*

Lisa Sandrock

Anlagen:
Zeugniskopie Klasse 9
Lebenslauf mit Foto

Kim Franke                          Marburg, 16. März 19..
Mainweg 16
34577 Marburg / Lahn
Tel: 06421 / 876543


Friseurstudio Kerstin
Frau Kerstin Becker
Bahnhofstr. 1a

34577 Marburg


Bewerbung um einen Ausbildungsplatz als Friseurin


Sehr geehrte Frau Becker,

als Kundin habe ich die lockere und freundliche Art Ihrer
Mitarbeiterinnen und Ihr seriöses Studio bereits kennengelernt.
Die Arbeitsatmosphäre hat mir so gut gefallen, daß ich mich
zum 1. August 19.. bei Ihnen als Auszubildende bewerben
möchte, denn Friseurin war schon immer mein Wunschberuf.

Ich bin 17 Jahre alt und besuche zur Zeit das BGJ Körper-
pflege an den Beruflichen Schulen in Marburg. Da ich
sehr kontaktfreudig bin, wird es mir nicht schwerfallen, mich
in Ihr Team einzuarbeiten.

Es würde mich freuen, in Ihrem schönen Studio anfangen
zu dürfen. Rufen Sie mich bitte an, wenn ich mich persönlich bei Ihnen vorstellen soll.

Bis dahin grüßt Sie freundlichst

Kim Franke


Anlagen: - Abschlußzeugnis Hauptschule
         - Halbjahreszeugnis BGJ
         - Lebenslauf mit Paßfoto

Helmut Zachert                    Halle, 15. Januar 19..
Wipperweg 33
06122 Halle/Saale
Tel. 0345/12 34 77


Baugeschäft
Karl Hostmann KG
Weinbergweg 2

06120 Halle/Saale


Bewerbung als Maurer


Sehr geehrter Herr Hostmann,

nach Abschluß der Hauptschule im Juli nächsten
Jahres würde ich gerne ab August eine Ausbildung als Maurer bei Ihnen beginnen.

Einige Ihrer Mitarbeiter und besonders Ihr Polier
Herbert Fritz werden mich noch kennen, weil
ich im letzten Jahr in den Sommerferien beim
Bau des Einfamilienhauses meiner Eltern durch
Ihre Firma als Handlanger geholfen habe.
Herr Fritz hatte mich damals auch ermuntert,
Maurer zu werden und mich bei Ihnen zu bewerben.

Ich würde mich freuen, wenn Sie Interesse an
mir hätten. Die Bewerbungsunterlagen füge
ich bei.

Mit freundlichen Grüßen
Helmut Zachert

Anlagen:  Zeugnis Klasse 9
          Paßfoto
          handgeschriebener Lebenslauf

## Denkanstöße/Formulierungshilfen

### Bestandteile eines Bewerbungsschreibens

Jede Bewerbung hat ein bestimmtes »Strickmuster«. Sie sollten aber nicht darauf verfallen, irgend etwas abzuschreiben. Holen Sie sich immer nur Anregungen aus Musterbriefen, die Sie dann für sich persönlich umgestalten. So sind auch die folgenden Textbausteine zu verstehen. Schauen Sie, was man schreiben kann, wählen Sie etwas Passendes aus, das Sie für Ihre Situation abwandeln können, und stellen Sie es zu Ihrem persönlichen Brief zusammen.

# Einleitung

**In der Einleitung sollten Sie knapp und präzise Ihr Anliegen formulieren. Gut ist, wenn Sie bereits hier Ihr besonderes Interesse an dem Beruf oder der Firma belegen können.**

99 zuerst möchte ich mich herzlich für die Zusendung Ihrer Broschüre »TOTAL GENIAL – Ausbildung bei der ...« bedanken. Gern würde ich zu den 20 Auszubildenden gehören, die Ihre Unternehmung nächstes Jahr einstellt. Daher bewerbe ich mich um einen Ausbildungsplatz zum 1. August 19.. . 66

99 nach meinem Praktikum in der xx-Bank stand für mich fest, daß ich gern Bankkauffrau werden würde. Daher bewerbe ich mich ... 66

99 während meines letzten Ferienjobs in Ihrer Firma konnte ich mir ein recht gutes Bild über den Betriebsablauf machen. Die moderne Technik hat mich so beeindruckt, daß ich gern den Beruf des Anlagenmechanikers oder Energieanlagenelektronikers lernen würde. Ich bewerbe mich daher als ... 66

99 schon seit einiger Zeit helfe ich bei verschiedenen Nachbarn im Garten. Die Arbeit macht mir so viel Spaß, daß ich Gärtner werden möchte. Ich bewerbe mich ... 66

99 da meine Freundin mit der Ausbildung und dem Arbeitsklima in Ihrem Kaufhaus sehr zufrieden ist, möchte auch ich mich bei Ihnen als ... bewerben. 66

99 da ich gern ... werden möchte, empfahl mir mein Lehrer, Herr ..., mich in Ihrer Firma zu bewerben. 66

99 mein Trainer, Herr ..., ist Meister in Ihrem Betrieb. In einem Gespräch teilte ich ihm meinen Berufswunsch mit. Da er mich als zuverlässigen und ehrgeizigen Menschen kennt, empfahl er mir, mich als ... bei Ihnen zu bewerben. 66

### Mein persönliches Profil

..................................................

..................................................

..................................................

..................................................

..................................................

..................................................

..................................................

..................................................

..................................................

..................................................

..................................................

..................................................

..................................................

..................................................

99 am 24. September nahm ich an einer Betriebsbesichtigung teil, die mich sehr beeindruckt hat. Daher
bewerbe ich mich zum ... bei Ihnen als ... 66

99 aufgrund Ihrer Anzeige vom ... in der ... bewerbe ich
mich hiermit ... 66

99 nach einem Gespräch mit Ihrem Marktleiter, Herrn
..., in Borken bewerbe ich mich in Ihrer Firma zum
01. August 19.. um einen Ausbildungsplatz für den
Beruf »Kaufmann im Groß- und Außenhandel«. 66

99 ich danke Ihnen nochmals für das freundliche Telefongespräch am ... und sende Ihnen hiermit meine
Bewerbung für den Ausbildungsberuf ... 66

...................................................

...................................................

...................................................

...................................................

...................................................

...................................................

...................................................

## Text | baustein

# Schulische Ausbildung

**Den Ausbilder interessiert, welche Schule Sie zur Zeit besuchen und welches Ziel Sie haben.**

99 Ich besuche zur Zeit das Berufsgrundbildungsjahr
Holztechnik. Da mir die Ausbildung hier große
Freude bereitet, würde ich danach gerne Tischler
werden ... 66

99 An der Berufsfachschule für Informationsverarbei-
tung habe ich pro Woche 8 Stunden Unterricht im
Fach Datenverarbeitung und glaube deshalb, daß
ich für einen kaufmännischen Beruf gute Grundla-
gen mitbringe. 66

99 Ich würde lieber praktisch arbeiten, als weiterhin
die Schule zu besuchen. Daher werde ich das Gym-
nasium mit Abschluß der Klasse 10 verlassen. Ich
habe seit der Klasse 7 freiwillig am Französisch-
Unterricht und seit der Klasse 9 am Unterricht in
Spanisch als dritte Fremdsprache teilgenommen.
Deshalb glaube ich als Groß- und Außenhandels-
kauffrau gut einsetzbar zu sein ... 66

99 Mit den Leistungsfächern Mathematik und Englisch
habe ich nicht unbedingt einen leichten Weg zum
Abitur gewählt. Deshalb reizt mich auch die Aufgabe,
Bankkaufmann zu werden ... 66

99 ... glaube ich, daß meine guten Stenografie-
und Phonokenntnisse eine solide Voraussetzung
als Rechtsanwalts- und Notariatsgehilfin sein
könnten ... 66

**Mein persönliches Profil**

...................................................

...................................................

...................................................

...................................................

...................................................

...................................................

...................................................

...................................................

...................................................

...................................................

99 ... habe ich schon ein zweiwöchiges Praktikum als Verkäufer absolviert. Das hat mir sehr gefallen ... 66

99 Ich nehme seit drei Jahren am Wahlunterricht in technischem Zeichnen teil und will gerne einen Beruf erlernen, der damit zusammenhängt ... 66

99 Erdkunde war für mich schon immer ein besonders interessantes Fach, deshalb möchte ich gerne einen Beruf des Tourismusbereiches erlernen ... 66

...........................................................
...........................................................
...........................................................
...........................................................
...........................................................
...........................................................

## Text baustein

# Hobby/Freizeit

**Wenn Ihre Freizeitgestaltung Ihr Interesse oder Ihre Eignung für Ihren Wunschberuf untermauert, sollten Sie sie unbedingt erwähnen.**

99 Ich nehme seit drei Jahren an einer Foto-AG der Schule teil und habe bei einem Foto-Wettbewerb der Stadt Alsfeld im Jahre 1995 den ersten Preis gewonnen. Ich möchte mein Hobby gerne zu meinem Beruf machen ... 66

99 Ich habe an mehreren Computer-Kursen teilgenommen und möchte in dieser Branche arbeiten ... 66

99 In den letzten drei Jahren war ich insgesamt viermal als Betreuerin einer Jugendgruppe des CVJM unterwegs (einmal im Ausland). Die Arbeit mit Kindern und Jugendlichen macht mir sehr viel Spaß ... 66

99 In meiner Freizeit bin ich gerne mit anderen Menschen und Freunden zusammen. Ich spiele in einer Mannschaft Fußball und bin im Jugendchor aktiver Sänger. Ich denke deshalb, daß mir ein sozialer Beruf besonders liegen würde ... 66

99 Mein Mofa selbst zu reparieren gehört zu dem, was mir am meisten Spaß macht. Ich denke daher, daß ich mich für den Beruf des Kfz-Mechanikers gut eigne ... 66

99 ... helfe ich oft in der Massagepraxis meiner Mutter aus und würde gerne selbst einen medizinischen Hilfsberuf ergreifen ... 66

### Mein persönliches Profil

...........................................................
...........................................................
...........................................................
...........................................................
...........................................................
...........................................................
...........................................................
...........................................................
...........................................................
...........................................................
...........................................................

# Linienblatt für handschriftliches Anschreiben

Absender                                                   Ort, Datum

Anschrift

Bezugszeile(n)

Sehr geehrte Damen und Herren,

Text

Mit freundlichen Grüßen

Unterschrift

Anlagen

## Mehr als Beiwerk: Die Bewerbungsunterlagen

**N**eben dem Bewerbungsbrief gehören zu einer vollständigen Bewerbung im allgemeinen folgende Unterlagen:

➤ ein Lebenslauf mit neuem Lichtbild (Paßfoto),
➤ das letzte Schulzeugnis (Hinweis, daß Abschlußzeugnis nachgereicht wird),
➤ Bescheinigungen über Wehr- oder Zivildienst,
➤ Bescheinigungen über Praktika.

### Bewerbungsfoto

»**E**in Bild sagt mehr als 1000 Worte ...« – ein Sprichwort, das Sie ernst nehmen sollten.

**Untersuchungen** haben belegt, daß man mit einem positiven Äußeren größeren beruflichen Erfolg hat. Sie müssen zwar nicht wie ein Filmstar aussehen, um einen Ausbildungsplatz zu bekommen, dennoch sollten Sie nicht denken, daß ein Foto ein unnützes Beiwerk ist, und halt irgendein Bild von sich mitschicken.

**Urlaubsfotos oder** Automatenfotos sind daher fehl am Platze; erwartet wird ein Porträtfoto im Paßbildformat. Gehen Sie zu einem Fotostudio, und lassen Sie dort Bewerbungsfotos machen. Ein Profifotograf kennt das richtige Format und wird Sie auch sonst ins beste Licht setzen. Vielleicht gehen Sie vorher noch einmal zum Friseur.

**Frisur und Kleidung** sollten nicht übertrieben auffällig sein. Lediglich für Berufe in der Mode- oder Kosmetikbranche (wie zum Beispiel Friseurin, Verkäuferin/Einzelhandelskauffrau in einer Boutique) dürfen Sie auch etwas »peppiger« aussehen. Denken Sie daran: Ihr Foto soll ein möglichst gutes Bild von Ihnen abgeben. Auf die Rückseite des Fotos schreiben Sie Namen und Adresse.

**Kleben Sie das Foto nicht** auf, denn dann können Sie es schlecht nochmals für weitere Bewerbungen verwenden. Am besten, Sie befestigen es mit 4 Fotoecken. Wohin kommt das Foto? Entweder auf den

Es stellt sich vor ...

Ab 01.08.1996 ...

... Ihr neuer Azubi ?

Klaus Schmitt
Bahnhofstraße 7
45925 Essen
Tel.: 02 01/40 50 60

*Ein Gestaltungsvorschlag*

Lebenslauf in die rechte obere Ecke oder auf ein gesondertes weißes DIN-A-4-Blatt. Auf letzteres könnten Sie dann schreiben: »Ihr neuer Auszubildender Klaus Schmitt?« oder: »Elke Kurz – passe ich in Ihr Team?« oder ähnliches.

### Lebenslauf

**D**er Lebenslauf gibt dem Ausbilder in Kurzform einen schnellen Überblick über Ihren bisherigen Werdegang. Früher wurden Lebensläufe handschriftlich verfaßt. Heute hat sich die maschinen- oder PC-geschriebene Form durchgesetzt.

**Manche Firmen legen** aber ausdrücklich Wert auf ein handschriftliches Exemplar. Dahinter steckt häufig, daß Graphologen Ihre Handschriftenproben beurteilen und so versuchen, Rückschlüsse auf bestimmte Charaktereigenschaften zu ziehen.

**Der Lebenslauf** muß natürlich fehlerfrei geschrieben sein. Auch wenn es mühsam ist, sollten Sie weder von einem handschriftlichen Lebenslauf Kopien versenden noch Lebensläufe, die von anderen Firmen zurückgesandt wurden, nochmals verwenden. Man sieht dem Lebenslauf an, daß er schon einmal bearbeitet wurde.

**Wenn Sie den Lebenslauf** im PC gespeichert haben, ist alles ganz einfach. Achten Sie aber darauf, daß Sie immer das Datum aktualisieren und daß der Berufswunsch zur Bewerbung paßt! Unterschreiben müssen Sie auch hier mit der Hand.

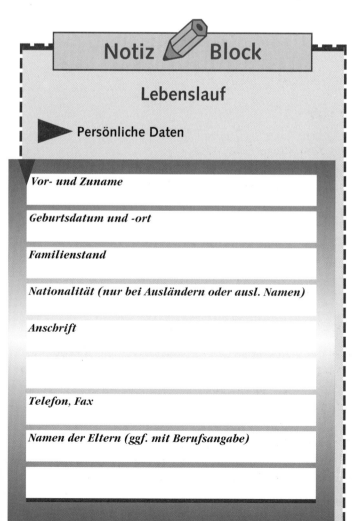

### Notiz Block

#### Lebenslauf

▶ Persönliche Daten

*Vor- und Zuname*

*Geburtsdatum und -ort*

*Familienstand*

*Nationalität (nur bei Ausländern oder ausl. Namen)*

*Anschrift*

*Telefon, Fax*

*Namen der Eltern (ggf. mit Berufsangabe)*

▶ Schulische Daten

*absolvierte Schulen (lückenlose Aufstellung – jeweils von ... bis ...)*

*bereits erreichte schulische und/oder berufliche Abschlüsse*

*angestrebter Schulabschluß (Monat, Jahr)*

*fremdsprachliche Kenntnisse*

▶ Weitere Informationen

*Praktikantentätigkeiten, Ferienjobs*

*Kurse, Zertifikate*

*Führerschein(e)*

*Hobbys*

*Berufswunsch (präzise Berufsbezeichnung!)*

▶ Ort, Datum, Unterschrift

**Welche Daten** Sie in Ihren Lebenslauf aufnehmen sollten, zeigt der obige Notizblock

**Zur Orientierung** hier außerdem je ein Muster für einen handschriftlichen Lebenslauf (zusammenhängend formuliert) und einen maschinenschriftlichen (tabellarisch).

Karina Rockensüß
Birkenweg 15
34593 Neuental
Tel: 06693/567

(Foto)

Lebenslauf

Am 5. November 1976 wurde ich als Tochter des Schreiners Uwe Rockensüß und dessen Frau Heidi Rockensüß, geb. Schmitt, in Borken geboren.

Nach dem Besuch der Grundschule in Neuental wechselte ich im September 1987 zur Realschule Borken.
Von 1993 bis 1995 besuchte ich den Gymnasialzweig der Gesamtschule Fritzlar und wechselte von dort an die Fachoberschule Wirtschaft und Verwaltung an den beruflichen Schulen Bad Wildungen.

Neben Kenntnissen in Schreibmaschine und Bürotechnik verfüge ich über fundierte Grundkenntnisse in EDV. Hier habe ich gerade einen VHS-Lehrgang „Word 7.0" mit Zertifikat absolviert.

Im Juni 1996 werde ich voraussichtlich die Fachhoch-schulreifeprüfung ablegen. Danach möchte ich eine Aus-bildung als Industriekauffrau beginnen.

Meine Hobbys sind Handball und Schwimmen.

Neuental, 12. Januar 1996                    Karina Rockensüß

# Lebenslauf

(Foto)

| | |
|---|---|
| **Name:** | Karina Rockensüß |
| **Geburtsdatum:** | 5. November 1976 |
| **Geburtsort:** | Borken |
| **Wohnort:** | Birkenweg 15, 34599 Neuental, Tel.: 06693/567 |
| **Eltern:** | Uwe Rockensüß, Schreiner<br>Heidi Rockensüß, geb. Schmitt, Hausfrau |
| **Schulausbildung:** | September 1983 - August 1987:<br>Grundschule Neuental<br>September 1987 - Juli 1993:<br>Realschule Borken<br>August 1993 - Juli 1995:<br>Gesamtschule Fritzlar (gymnasialer Zweig)<br>ab August 1995:<br>Berufliche Schulen Bad Wildungen<br>(Fachoberschule Wirtschaft und Verwaltung) |
| **Voraussichtlicher Schulabschluß:** | Fachhochschulreife (Juni 1996) |
| **Sprachkenntnisse:** | Englisch: 10 Schuljahre<br>Französisch: 3 Schuljahre |
| **Praktikantentätigkeit:** | von August 1995 bis Februar 1996:<br>Panterwerke AG (Industriebetrieb)<br>jeweils vier Wochentage, kaufmännische Tätigkeiten |
| **Besondere Fähigkeiten/ Kenntnisse:** | Schreibmaschine, Bürotechnik,<br>DV-Grund- und Leistungskurs, Volkshochschullehrgang »Word 7.0« mit Zertifikat |
| **Führerschein:** | Klasse 3 |
| **Hobbys:** | Handball (Verein »SV Borken«), Schwimmen |
| **Berufswunsch:** | Industriekauffrau |

Neuental, den 12. September 1995

*Karina Rockensüß*

**39**

## Zeugnisse

**Ein wichtiger Bestandteil** Ihrer Bewerbung sind natürlich Ihre Schulzeugnisse. Hier gilt: Versenden Sie nie Zeugnisoriginale, sondern nur Kopien. Diese müssen nur dann beglaubigt werden, wenn das ausdrücklich gewünscht wird. Sie können sich Zeugniskopien von der Schule oder der Gemeinde- oder Stadtverwaltung, aber auch vom Pfarramt beglaubigen lassen.

**Welche Zeugnisse** Sie versenden, ist abhängig von Ihrem Ausbildungsstand. Besuchen Sie zur Zeit der Bewerbung eine Vollzeitschule, dann geben Sie das letzte Zeugnis ab. In der Regel ist dies das Versetzungszeugnis in die letzte Klasse. Wenn Sie sich vorher bewerben wollen, versenden Sie das Zwischenzeugnis und reichen bei Bedarf das Versetzungszeugnis nach. Bewerben Sie sich erst ab Februar des Jahres, in dem Sie die Ausbildung beginnen wollen, senden Sie das Versetzungszeugnis und das letzte Halbjahreszeugnis. Ist eines von beiden wesentlich besser, so versenden Sie nur das bessere. Sie können dann das andere, wenn es noch gefordert werden sollte, nachreichen. Wenn Sie Ihre Schule schon beendet haben und zum Beispiel Ihren Wehr- oder Ersatzdienst leisten, senden Sie nur das Abschlußzeugnis.

**Nicht nur die Noten zählen:** Abhängig von Ihrem Wunschberuf kann ein »sehr gut« in Werken unter Umständen stärker ins Gewicht fallen als ein »mangelhaft« in Englisch; es kann aber auch sein, daß ein »gut« in Englisch und Deutsch für den auszuübenden Beruf viel wichtiger ist als zum Beispiel ein »ausreichend« in Biologie und ein »mangelhaft« in Chemie. Also niemals den Kopf wegen schlechter Noten hängen lassen.

**Gerade große** und mittlere Betriebe vertrauen außerdem nicht blind auf Zeugnisnoten, sondern führen eigene Einstellungstests durch (siehe Seite 53ff.). ▶

**Doch aufgepaßt:** Im Zeugnis stehen neben den Noten für die einzelnen Fächer auch andere Bewertungen. So kann man zum Beispiel aus den Noten für Ordnung, Fleiß, Aufmerksamkeit, Arbeits- und Sozialverhalten ebenso wie aus den Fehlzeiten viel mehr darüber erfahren, ob die Noten erkämpft wurden oder einem vielleicht mehr in den Schoß gefallen sind.

## Weitere Bescheinigungen

**Sie können sich** besondere Leistungen auch von der Schule bescheinigen lassen. Hinzugefügt werden können Zertifikate von freiwillig besuchten Kursen, wie zum Beispiel EDV, Schreibmaschine. Diese können auch in Volkshochschulen oder anderen Bildungseinrichtungen erworben worden sein. Fortbildungskurse, Führerschein(e), Praktikumsbescheinigungen oder auch Bescheinigungen, daß Sie in den Ferien gejobbt haben, können ebenfalls positiv wirken, denn sie zeigen einen gewissen Leistungswillen.

**Sollte Ihr Schulzeugnis** wegen einer langen Krankheit oder eines Unfalls viele Fehltage ausweisen, kann mit einer Bescheinigung belegt werden, daß Sie nicht dauernd kränklich sind oder gar geschwänzt haben. Haben Sie wegen einer solchen Situation ein schlechteres Zeugnis erhalten, fügen Sie das vorhergehende Zeugnis bei, und begründen Sie Ihren Leistungsabfall mit diesem Umstand. Ein weiterer Grund hierfür könnte zum Beispiel auch ein Umzug gewesen sein. Auch hier ist es besser, wenn Sie die schlechteren Noten mit einem Schulwechsel begründen, als nur das schlechte Zeugnis zu versenden. Weitere Gründe für einen Leistungsabfall könnten zum Beispiel ein Todesfall in der Familie, die Ehescheidung der Eltern o.ä. sein.

## Die »Verpackung«

**Einen guten Eindruck** macht Ihre Bewerbung, wenn Sie die Unterlagen in einem im Schreibwarenhandel erhältlichen Ordner mit durchsichtigem Deckel abheften. Möglich sind aber auch sogenannte Klemmschienen. (Sie können beide nach Rücksendungen wieder verwenden, wenn pfleglich damit umgegangen wurde.) Erstes Blatt ist Ihr Anschreiben, dahinter heften Sie nacheinander: Lebenslauf, Zeugnis, sonstige Bescheinigungen.

**EXPERTENTIP:**

DAS BEWERBUNGSZEUGNIS ist nicht das Abschlußzeugnis. Durchstarten muß man schon mindestens ein Jahr früher, damit das Zeugnis des vorletzten Schuljahres entsprechend gut aussieht. Längere Fehlzeiten (zum Beispiel durch Krankheiten, Unfälle) am besten gleich im Bewerbungsschreiben erklären. Lenken Sie das Augenmerk des Ausbilders auf die positiven Seiten Ihres Zeugnisses.

# Bewerbungsversand

Ab geht die Post – doch nicht ohne einen letzten Check: Prüfen Sie mit folgender Liste unbedingt nochmals, ob Ihre Bewerbungsunterlagen auch vollständig sind.

## Anschreiben

Absender vollständig (Name, Straße, PLZ, Ort, Telefonnummer)? ............................................ ○

Adresse richtig (korrekte Firmenbezeichnung - zum Beispiel »GmbH & Co. KG« -, Ansprechpartner)? ...... ○

Bezugszeile richtig? Richtige Berufsbezeichnung? ........................................................ ○

Anrede korrekt (persönlich bei bekanntem Ansprechpartner, sonst: »Sehr geehrte Damen und Herren«)? .. ○

Durchgelesen auf eventuelle Fehler? ..................................................................... ○

Anschreiben unterschrieben? ............................................................................. ○

Anlagen aufgeführt? ..................................................................................... ○

## Anlagen

Lebenslauf (fehlerfrei, unterschrieben, mit aktuellem Datum versehen)? ................................... ○

Letztes Zwischen- und/oder Versetzungs- bzw. Abschlußzeugnis? ........................................... ○

Eventuell weitere Zeugnisse (falls vom Empfänger gewünscht oder falls angebracht)? ...................... ○

Foto mit Anschrift auf der Rückseite (auf dem Lebenslauf oder auf besonderem Blatt)? .................... ○

Weitere Bescheinigungen (hier eintragen):

............................................................................................................ ○

Reihenfolge der Anlagen richtig (Lebenslauf, Zeugnis, sonstiges)? ....................................... ○

Anlagenanzahl entspricht der im Anschreiben genannten Zahl? ............................................. ○

## Verpackung

Bewerbungsbrief und Anlagen zusammengeheftet – Anschreiben oben? ........................................ ○

Firmenadresse auf Anschreiben und Briefumschlag identisch? ............................................. ○

Absender auf dem Umschlag? ............................................................................. ○

Brief ausreichend frankiert (im Zweifel: Post fragen)? ................................................. ○

Da einem **Bewerbungsschreiben** eine Reihe von Unterlagen zugefügt werden müssen, reicht ein »normaler« Briefumschlag nicht aus. Sie sollten einen DIN-C-4- oder DIN-C-5-Umschlag mit oder ohne Sichtfenster verwenden.

**In DIN-C-4** paßt ein Hefter, bei DIN-C-5 müssen Sie Ihre Unterlagen einmal falten.

**Das Porto** beträgt in beiden Fällen für bis zu 500 g Gewicht DM 3,–. Frankieren Sie ausreichend!

## EXPERTENTIP:

KNICKEN SIE Ihre Bewerbungsunterlagen nicht öfter als einmal. Sonst »verknautschen« Sie zu stark. Auch beim Umschlag auf das Äußere achten: Vermeiden Sie schief aufgeklebte Briefmarken oder kaum leserliche Beschriftungen.

### Der Briefumschlag DIN-C-4 (meist ohne Sichtfenster)

Absender mit
Namen, Straße,
PLZ und
Wohnort

auf jeden Fall
ausreichende
Frankierung

**Absender**

Brief-marke

**Anschrift**

richtige und vollständige
Firmenanschrift

Der Briefumschlag DIN-C-5 (auch mit Sichtfenster zu kaufen)

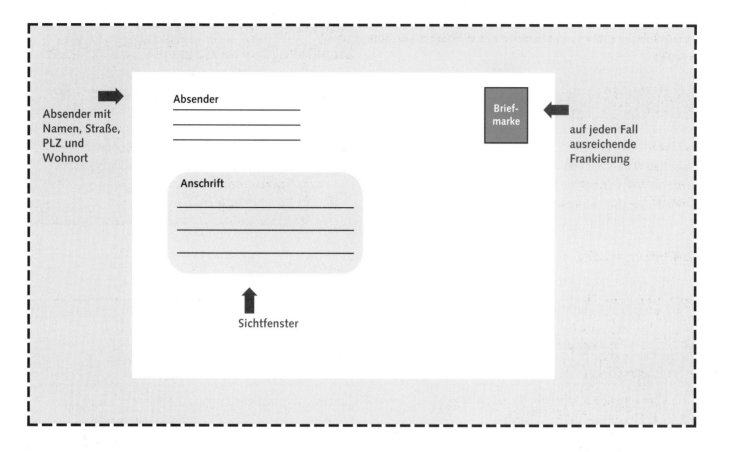

**Absender mit Namen, Straße, PLZ und Wohnort**

Absender

**Brief-marke**

**auf jeden Fall ausreichende Frankierung**

Anschrift

Sichtfenster

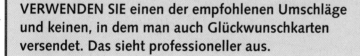

## EXPERTENTIP:

VERWENDEN SIE einen der empfohlenen Umschläge und keinen, in dem man auch Glückwunschkarten versendet. Das sieht professioneller aus.

**Wenn Sie sich** an die DIN für Briefe halten, erscheint beim C-5-Umschlag die Anschrift automatisch im Sichtfenster und braucht nicht extra geschrieben zu werden. Hat der Umschlag kein Sichtfenster, plazieren Sie die Adresse natürlich weiter links als oben angedeutet.

# Bewerbungsübersicht

Sie bewerben sich sicher mehr als einmal. Dann kann schnell der Überblick verlorengehen. Behalten Sie ihn mit unserer Check-Liste.

**Ein Tip:**
Am besten kopieren Sie die Liste und heften sie vorne in Ihren Bewerbungsordner.

| Nummer | Betrieb | Bewerbung zum/r | Absendung am | Antwort am Absage/ Vorstellung/ Zusage |
|--------|---------|-----------------|--------------|-----------------------------------------|
|        |         |                 |              |                                         |
|        |         |                 |              |                                         |
|        |         |                 |              |                                         |
|        |         |                 |              |                                         |
|        |         |                 |              |                                         |
|        |         |                 |              |                                         |
|        |         |                 |              |                                         |
|        |         |                 |              |                                         |

# Check ✔ liste

## Bewerbungs-Check

Bewerbung Nr.

Firma

Straße

Ort

Ein Tip:
Fotokopieren Sie dieses Blatt für jede Bewerbung, die Sie schreiben. Heften Sie die Einzelblätter in einem Ordner hinter das Übersichtsblatt von Seite 44. So behalten Sie leicht die Übersicht. Heften Sie die Kopie Ihres Anschreibens dahinter.

evtl. Kontaktperson

Bewerbung als ...

Telefon (evtl. Durchwahl)

abgeschickt am ...

Unterlagen

| Zeugnisse Klasse (ankreuzen) | 8/I | 8/II | 9/I | 9/II | 10/I | 10/II | 11/I | 11/II | 12/I | 12/II | 13/II | 13/II |
|---|---|---|---|---|---|---|---|---|---|---|---|---|

| Paßfoto | | ja | nein | Lebenslauf | | tabellarisch | handschriftlich |
|---|---|---|---|---|---|---|---|

Sonstiges

-------------------------------------------------

-------------------------------------------------

-------------------------------------------------

Wichtiges
(z.B. persönliche Beziehungen, Empfehlungen, Termine usw.)

-------------------------------------------------

-------------------------------------------------

-------------------------------------------------

# Nachhaken und

## Noch ist alles offen

*Geschafft: Die Bewerbungen sind glücklich auf den Weg gebracht. Jetzt heißt es abwarten – und vor allen Dingen, sich durch erste Absagen nicht entmutigen zu lassen. Was Sie gegen den Frust tun können, wie Sie bei Arbeitgebern geschickt nachhaken und wie Sie die nächste Hürde – Eignungstests – überwinden, lesen Sie hier.*

# Absagen »verdauen«

## Nachfragen: Wie ist der Stand?

**E**twa vier Wochen Geduld muß man schon aufbringen, bis eine Nachricht von der Firma kommt. Hat man bis dahin noch nichts gehört, kann man sich schon mal nach dem Stand der Dinge erkundigen. Dies sollte aber keinesfalls wie eine Mahnung aussehen, sondern eine nette Anfrage sein. Auf keinen Fall sollte sie schriftlich erfolgen.

### Nachfrage zum Stand der Bewerbung: Telefontips

**1. Schritt:**

Namen nennen ...

*»Guten Tag, kann ich bitte mit Herrn/Frau ... sprechen?*
*Es geht um meine Bewerbung bei Ihnen vom ...«*

Wenn Sie keinen Namen eines möglichen Ansprechpartners wissen, bitten Sie einfach darum, mit der Personalabteilung verbunden zu werden. Setzen Sie danach das Gespräch zum Beispiel wie folgt fort:

*»Guten Tag, ich habe mich bei Ihnen als Auszubildender beworben und möchte gerne mit jemandem sprechen, der hierfür zuständig ist.«*

**2. Schritt:**

Namen nennen ...

*»Guten Tag, ich habe mich bei Ihnen am ... als ... beworben.«*

eventuell Ergänzung:

*»... und nahm am Auswahlverfahren vom ... teil.«*
*»... und habe mich am ... bei Ihnen vorgestellt.«*
*»Ich bin sehr gespannt auf Ihre Antwort. Sie werden sicher verstehen, daß es für mich sehr wichtig ist, etwas über meine Chancen zu erfahren.«*

Antwort mitschreiben (Stichworte). Dazu vorher Block und Stift bereitlegen.

**3. Schritt:**

Eventuell weitere Fragen:
a) Auswahl läuft noch:
*»Bis wann ist mit einer Entscheidung zu rechnen?«*
b) Man ist nicht ausgewählt worden:
*»Es wäre hilfreich für mich, die Gründe zu erfahren. Vielleicht kann ich für weitere Bewerbungen etwas lernen.«*

**4. Schritt:**

Gespräch freundlich beenden:
a) *»Gut, dann warte ich auf Ihre Nachricht. Vielen Dank, auf Wiederhören.«*
b) *»Vielen Dank für Ihre Auskunft. Bitte senden Sie mir meine Unterlagen zurück.«*

# Check ✔ liste

# Termincheck

Tragen Sie hier alle wichtigen persönlichen Termine ein, die mit Ihren Bewerbungen zusammenhängen. Nur so können Sie Überschneidungen rechtzeitig erkennen und entsprechend handeln. Außerdem behalten Sie den Überblick über anstehende Termine.

> **Ein Tip:**
> Kopieren Sie diese Liste vor der ersten Nutzung für jeden Monat und heften Sie sie vorne in Ihren Bewerbungsordner. Der Ordner sollte griffbereit in der Nähe des Telefons liegen.

**Monat**

| Datum | Wochentag | Uhrzeit | Termin bei … | Grund | Bestätigung am … |
|-------|-----------|---------|--------------|-------|-------------------|
| 01 | | | | | |
| 02 | | | | | |
| 03 | | | | | |
| 04 | | | | | |
| 05 | | | | | |
| 06 | | | | | |
| 07 | | | | | |
| 08 | | | | | |
| 09 | | | | | |
| 10 | | | | | |
| 11 | | | | | |
| 12 | | | | | |
| 13 | | | | | |
| 14 | | | | | |
| 15 | | | | | |
| 16 | | | | | |
| 17 | | | | | |
| 18 | | | | | |
| 19 | | | | | |
| 20 | | | | | |
| 21 | | | | | |
| 22 | | | | | |
| 23 | | | | | |
| 24 | | | | | |
| 25 | | | | | |
| 26 | | | | | |
| 27 | | | | | |
| 28 | | | | | |
| 29 | | | | | |
| 30 | | | | | |
| 31 | | | | | |

## Reagieren: Was tun bei Terminüberschneidungen?

**S**uchen Sie eine plausible Erklärung, daß Sie diesen

Termin nicht oder nur unter ganz schwierigen Umständen wahrnehmen können. Rufen Sie sofort an, und besprechen Sie das Problem. Bitten Sie um eine Terminverlegung. Nehmen Sie beim Gespräch Ihren Termincheck für die Vereinbarung eines neuen Termins zur Hand.

### Terminprobleme: Telefon-Tips

**EXPERTENTIP:**

WENN ES SICH vermeiden läßt, sollte eine Bitte um Terminverschiebung nicht unbedingt darauf hinweisen, daß Sie an diesem Tag einen Termin bei einer anderen Firma haben. Vielleicht schreiben Sie ja eine wichtige Klassenarbeit, haben Führerscheinprüfung, sind auf Klassenfahrt ...?

Namen nennen

*»Guten Tag, kann ich bitte Herrn/Frau .............. sprechen?«*
(Name steht in der Einladung; eventuell auch direkt durchwählen)

**JA**     **NEIN** - - - - - - ▶ (ist in einer Besprechung, hat Urlaub, ist heute nicht im Hause o.ä.)

*»Ich habe einen Vorstellungstermin bei Ihnen bekommen, den ich leider nicht wahrnehmen kann. Wann kann ich Herrn/Frau ... am besten erreichen, oder mit wem kann ich sonst einen anderen Termin vereinbaren?«*

Namen nennen

*»Guten Tag. Ich habe mich sehr darüber gefreut, daß Sie mich zu einem Vorstellungsgespräch am ... eingeladen haben. Leider schreibe ich an diesem Tag eine wichtige Klassenarbeit, die ich nicht versäumen möchte. Ist es möglich, den Termin bei Ihnen zu verschieben?«*

**JA**     **NEIN** - - - - - - ▶ *»Schade, daß es nicht geht. Ich muß nun wohl überlegen, was ich jetzt tue. Ich rufe Sie noch einmal an, nachdem ich mit meinem Lehrer darüber gesprochen habe, ob ich bei der Klassenarbeit fehlen kann oder nicht.«*

Terminvorschlag sofort prüfen und zustimmen oder begründet ablehnen

*»Vielen Dank, auf Wiederhören«*

## Frust überwinden:
## Aus Absagen lernen

>> *Mit diesem Schreiben erhalten Sie Ihre Bewerbungsunterlagen zurück. Für die kommende Einstellungsphase haben wir alle Ausbildungsplätze besetzt. Für Ihr Interesse an unserem Unternehmen danken wir und wünschen Ihnen für Ihre berufliche und persönliche Zukunft alles Gute.* <<

**Jetzt hat es auch** Sie erwischt. Die erste oder gar mehrere Absagen flattern ins Haus ... .

**Natürlich sind Sie** erst einmal enttäuscht. Sie ärgern sich, denn Sie hätten diesen Ausbildungsplatz gern gehabt. Doch das gleich vorweg: Sie stehen nicht allein da. Tausende von Absagen werden in dieser Zeit verschickt, und die meisten Azubis haben vor einer Zusage auch mehr oder weniger zahlreiche Absagen bekommen. Und dann hat es doch noch geklappt.

**Damit auch Sie** Ihren Ausbildungsplatz bekommen, geben Sie nur nicht auf. Verfahren Sie nach der Devise: »Neues Spiel - Neues Glück.« Und dieses Glück brauchen Sie auch. Denn bei der Vielzahl von Bewerbern sind es nicht nur fachliche Gründe, sondern auch ein Quentchen Glück, das zum Erfolg führt. Und warum soll es Ihnen nicht auch bald hold sein?

**Dieser CheckUp** läßt Sie auch jetzt nicht »im Regen stehen«, er hilft Ihnen, wenn Sie folgende Ratschläge beachten:

## 1. Streß-Killer

**Verdauen Sie** erst einmal die Enttäuschung, indem Sie irgend etwas Schönes unternehmen, das Sie ablenkt: Gehen Sie in die Disco, klönen Sie mit Freunden, vertrauen Sie sich einer nahestehenden Person an, gehen Sie in Ihren Verein, ins Schwimmbad ... und vergessen Sie Ihren ersten Ärger.

## 2. Neuaufbau

**Bauen Sie sich** am nächsten Tag wieder auf: Sie sind nicht schwächer als Ihre Mitbewerber. Vielleicht lag es

➤ an der zu großen Zahl der Bewerber, und Sie sind knapp am Ziel vorbeigefahren,

➤ an persönlichen Beziehungen, die Ihre Mitbewerber hatten,

➤ einfach am fehlenden Quentchen Glück,

➤ oder vielleicht auch an Ihnen – haben Sie tatsächlich Ihr Bestes gegeben?

Sie sollten dies überprüfen.

## 3. Analyse

**Wenn etwas nicht** nach Plan gelaufen ist, muß man es kritisch überdenken, analysieren. Das heißt, es müssen alle Aktivitäten auf eventuelle Fehler überprüft werden. Diese Fehler müssen künftig vermieden werden; und man muß prüfen, wo man noch etwas besser machen kann. Sie kennen das sicherlich aus dem Sport. Hier sagt der Trainer, wenn es nicht gut gelaufen ist: »Wir müssen das Spiel analysieren, unsere Fehler abstellen, dann wird es beim nächsten Mal wieder besser ...«

**Gehen Sie bei Ihrer** Analyse nach dem folgenden Fragenkatalog vor (Sie müssen dabei aber ganz selbstkritisch und ehrlich sein, denn nur dann können Sie erfolgreicher werden):

**Frage 1:** *Habe ich mir wirklich große Mühe bei der Bewerbung gegeben?*

*Meine Antwort:*

**JA** **NEIN** ‑ ‑ ‑ ‑ ‑➤ Das soll Ihnen nicht mehr passieren. Lesen Sie die einzelnen Kapitel dieses CheckUps noch einmal durch, halten Sie sich an die Vorgaben und Tips, und versuchen Sie es nochmal. Denn Sie wollen doch erfolgreich sein. Verlieren Sie keine Zeit, handeln Sie sofort.

**Frage 2:** *Kam die Absage aufgrund einer mündlichen/telefonischen Bewerbung?*

*Meine Antwort:*

**JA** **NEIN** ‑ ‑ ‑ ‑ ‑➤ Gehen Sie weiter zu *Frage 4.*

**Frage 3:** *Haben Sie sich mit unseren Tips »Telefonische Bewerbung« vorbereitet und sind auch danach vorgegangen?*

*Meine Antwort:*

**JA** **NEIN** ‑ ‑ ‑ ‑ ‑➤ Bereiten Sie Ihr nächstes Gespräch anhand der Hinweise auf Seite 20f. ▶ vor. Noch besser als »Trockenübungen« auch hier: das Durchspielen von Gesprächen mit einem Freund, Elternteil oder Bekannten.

➤ Arbeiten Sie die Seiten 20f. ▶ nochmals genau durch. Üben Sie ein kommendes Gespräch mit einem Freund, Elternteil oder Bekannten. Üben Sie die Fragen, die Sie stellen wollen. Üben Sie daneben auch Antworten auf mögliche Fragen des Gesprächspartners.

**Frage 4:** *Kam die Absage aufgrund Ihrer schriftlichen Bewerbung?*

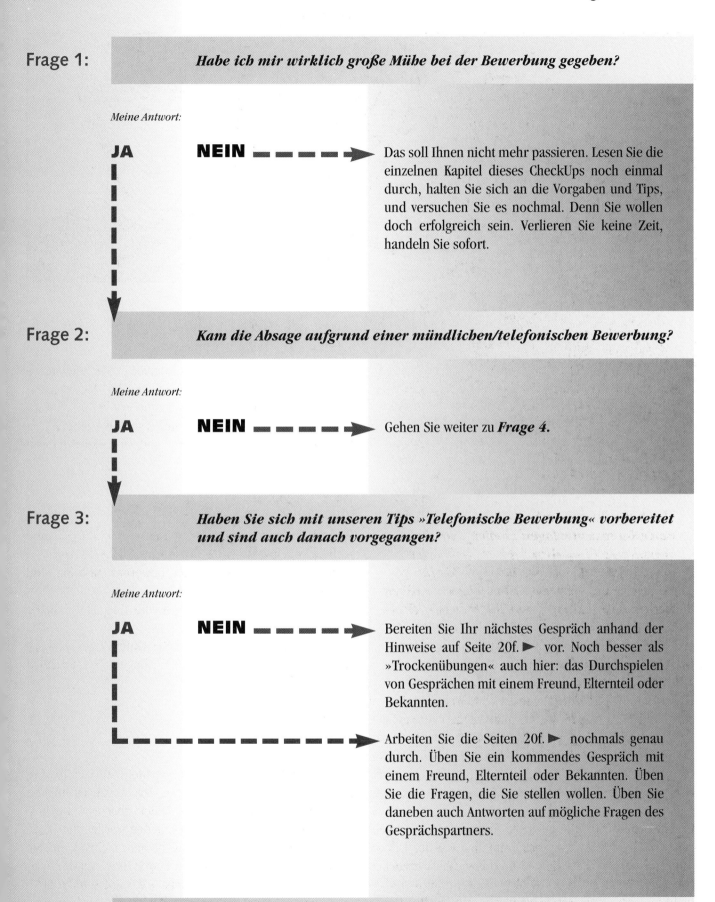

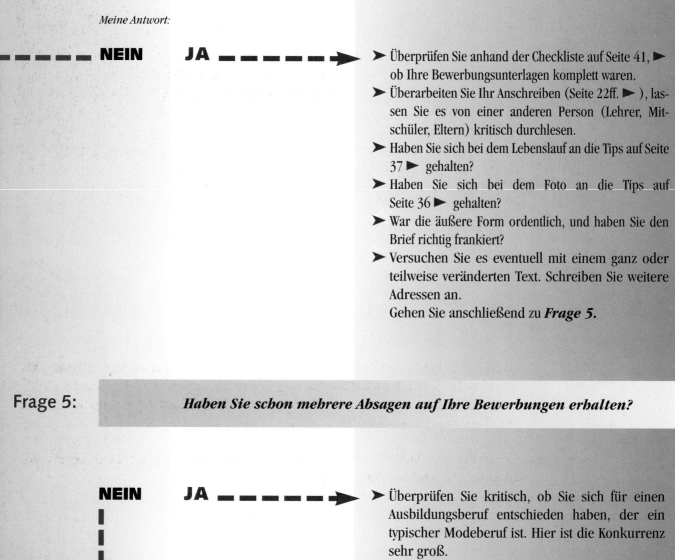

*Meine Antwort:*

**NEIN**　　**JA** ▬ ▬ ▬ ▬ ▬ ▶

➤ Überprüfen Sie anhand der Checkliste auf Seite 41, ▶ ob Ihre Bewerbungsunterlagen komplett waren.

➤ Überarbeiten Sie Ihr Anschreiben (Seite 22ff. ▶ ), lassen Sie es von einer anderen Person (Lehrer, Mitschüler, Eltern) kritisch durchlesen.

➤ Haben Sie sich bei dem Lebenslauf an die Tips auf Seite 37 ▶ gehalten?

➤ Haben Sie sich bei dem Foto an die Tips auf Seite 36 ▶ gehalten?

➤ War die äußere Form ordentlich, und haben Sie den Brief richtig frankiert?

➤ Versuchen Sie es eventuell mit einem ganz oder teilweise veränderten Text. Schreiben Sie weitere Adressen an.
Gehen Sie anschließend zu **Frage 5.**

**Frage 5:** 　　*Haben Sie schon mehrere Absagen auf Ihre Bewerbungen erhalten?*

**NEIN**　　**JA** ▬ ▬ ▬ ▬ ▬ ▶

➤ Überprüfen Sie kritisch, ob Sie sich für einen Ausbildungsberuf entschieden haben, der ein typischer Modeberuf ist. Hier ist die Konkurrenz sehr groß.

➤ Fragen Sie doch einmal beim Arbeitsamt nach, ob für den von Ihnen gewählten Beruf momentan die Nachfrage nicht zu groß ist oder ob für diesen Beruf ein höherer Schulabschluß gefordert wird.

Trifft eins von beiden zu, überlegen Sie doch einmal mit dem Ausbildungsberater des Arbeitsamtes, ob Sie nicht einen anderen Beruf finden, in dem Sie größere Chancen haben. Viele Arbeitnehmer wechseln ihren Beruf später sowieso.

Setzen Sie Ihre Bewerbungen fort. Beachten Sie aber die Ratschläge im JA-Feld der **Antwort 4.**

**Frage 6:** 　　*Erhielten Sie Ihre Absage nach einem Einstellungstest?*

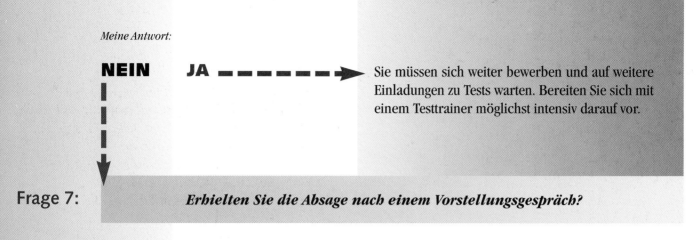

*Meine Antwort:*

**NEIN** **JA** ‑ ‑ ‑ ‑ ‑ ‑ ‑ ⟶ Sie müssen sich weiter bewerben und auf weitere Einladungen zu Tests warten. Bereiten Sie sich mit einem Testtrainer möglichst intensiv darauf vor.

**Frage 7:** *Erhielten Sie die Absage nach einem Vorstellungsgespräch?*

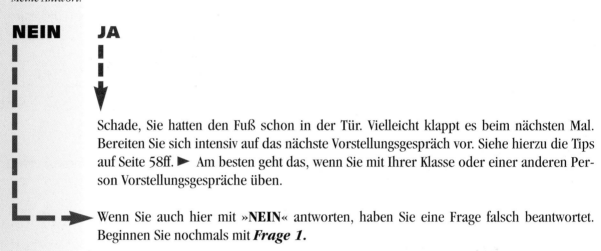

*Meine Antwort:*

**NEIN** **JA**

Schade, Sie hatten den Fuß schon in der Tür. Vielleicht klappt es beim nächsten Mal. Bereiten Sie sich intensiv auf das nächste Vorstellungsgespräch vor. Siehe hierzu die Tips auf Seite 58ff. ► Am besten geht das, wenn Sie mit Ihrer Klasse oder einer anderen Person Vorstellungsgespräche üben.

Wenn Sie auch hier mit »**NEIN**« antworten, haben Sie eine Frage falsch beantwortet. Beginnen Sie nochmals mit *Frage 1.*

## Gelassen angehen: Tests

**I**n der Bewerbungsphase werden Sie immer das Gefühl haben, daß die nächste Hürde die höchste ist. Das begann beim Bewerbungsschreiben, beim Telefonieren mit den Betrieben und wird bei der Einladung zu einem Einstellungs- oder Auswahltest nicht anders sein.

**Mit Hilfe solcher Tests** wollen viele Ausbildungsbetriebe unter der Vielzahl der Bewerber die geeignetsten ermitteln. Häufig sind sie den Vorstellungsgesprächen vorgeschaltet. Der Stellenwert solcher Tests für die Auswahlentscheidung variiert, schlechtes Abschneiden führt allerdings meist zur Absage.

**Auf die Anforderungen** eines Auswahltests kann man sich vorbereiten. Dies muß aber langfristig geschehen. Besorgen Sie sich schon ein halbes Jahr vor den möglichen Terminen Bücher, die Sie mit solchen Testverfahren vertraut machen. Bevor wir hier die wichtigsten Verfahren vorstellen, einige allgemeine Verhaltenstips:

➤ Gehen Sie optimistisch in den Einstellungstest. Ruhen Sie sich am Tage vorher aus, entspannen Sie. Einstellungstests erfordern volle Konzentration von Ihnen.

Verzichten Sie deshalb auf jeden Fall auf die Einnahme von Beruhigungsmitteln.

➤ Lassen Sie sich nicht aus der Ruhe bringen. Testreihen sind oft so angelegt, daß Sie gar nicht alle Aufgaben schaffen können. Man will nicht nur wissen, was Sie können, sondern man möchte auch feststellen, wie Sie unter zeitlichen Belastungen arbeiten. Werfen Sie also keinesfalls die »Flinte ins Korn«, wenn Sie mit einigen Aufgaben nicht fertig werden.

➤ Fangen Sie nicht »Hals über Kopf« mit der Bearbeitung der Testaufgaben an. Lesen Sie die Aufgabenstellungen erst in Ruhe durch. Denn: Falsch verstandene Aufgaben können nämlich auch nur falsch oder gar nicht gelöst werden.

➤ Achten Sie genau auf die Anweisungen des Testleiters. Oft werden sie nicht wiederholt, weil man schon hier erkennen möchte, ob Sie sich konzentrieren können oder nicht.

➤ Schreiben Sie nicht ab. Erstens weiß es Ihr Nachbar auch nicht besser, und zweitens riskieren Sie den Ausschluß vom Test. Manchmal genügt auch schon die Vermutung des Testleiters, um die Beurteilung Ihres Ergebnisses zu verschlechtern.

Nicht alle Unternehmen informieren über das Testergebnis. Wenn Sie einen Ausbildungsvertrag angeboten bekommen, kann Ihnen das Ergebnis egal sein. Wenn Sie aber eine Absage erhalten, sollten Sie schon nachfragen, woran es gehapert hat, um Ihre Stärken und Schwächen festzustellen. Dies ist ein wichtiger Schritt, um das nächste Mal erfolgreicher zu sein.

**Wie sehen sie nun aus,** die gefürchteten Einstellungstests? Generell kann man hier keine verbindlichen Aussagen machen, denn je nach Firma/Behörde beziehungsweise angestrebtem Beruf gibt es sehr viele verschiedenartige Tests und Aufgabenstellungen. Einzelne Fragearten aus bestimmten Wissensgebieten tauchen jedoch immer wieder auf.

## Deutsch/Mathematik

**In nahezu allen Tests** werden Sie mit einem Deutsch- und einem Rechentest konfrontiert. In **Deutsch** werden Sie sich mit den üblichen Stolpersteinen unserer Rechtschreibung auseinandersetzen müssen. Groß oder klein, »d« oder »t«, »wider« oder »wieder«, »lich« oder »lig«, zwei oder drei Mitlaute, Komma oder nicht ... sind beliebte Fragen. Dies kann dann zum Beispiel so aussehen:

1) Welche Schreibweise ist richtig?
   a) unendgeltlich,
   b) unentgeldlich,
   c) unendgeldlich,
   d) unentgeltlich

**Eine Wiederholung** der Rechtschreibregeln macht sich sicherlich durch weniger Fehler bezahlt. Hier kann man mit einem geeigneten Testvorbereitungsbuch intensiv üben.

**Bei den handwerklichen** Berufen geht es im **Rechnen** oft um Dezimal- und Bruchrechnung. Einige Beispiele aus Einstellungstests:

2) $123.345 - 28 - 3.129 - 56.798 =$ _____
3) $6.723 -$ _____ $= 3.498$
4) $0,015 : 0,3 =$ _____
5) $4\ 3/7 - 3\ 4/5 =$ _____
6) $3\ 1/2 : 5\ 1/3 =$ _____

**Bei Tests** für kaufmännische Berufe werden auch schwierigere Aufgaben – etwa Dreisätze und zusammengesetzte Dreisätze – gestellt:

7) Mit 20 Maschinen können in 5 Tagen zu je 8 Arbeitsstunden 10.500 Werkstücke hergestellt werden. Wieviel Werkstücke können in 6 Tagen zu je 7 Arbeitsstunden mit nur 12 Maschinen hergestellt werden?

**Oft trifft man** auf Prozentrechnung (auch vom verminderten beziehungsweise vermehrten Grundwert) und Zinsrechnung sowie auf Verteilungsaufgaben:

8) Eine Angestellte verdient nach einer Gehaltserhöhung von 12 1/2% jetzt DM 2.700,00. Wieviel DM hat sie vor der Gehaltserhöhung verdient?

**Kenntnisse in Geometrie** werden häufig von Bewerbern für anspruchsvollere technische Berufe, wie zum Beispiel Energieanlagenelektroniker, Werkzeugbauer, CNC-Berufe o.ä., verlangt.

**Auch im Bereich Mathematik** kann man das Wichtigste aus der Schule mit guten Testtrainern wiederholen und üben.

# Allgemeinwissen

Mit Fragen aus den Bereichen »**Wirtschaft**« und »**Politik**« will man Grundwissen testen, aber auch erkennen, ob Sie sich für aktuelle Fragen interessieren. Üblich sind u.a. Fragen zu Wirtschaftsformen und Wirtschaftspolitik, zu Unternehmensformen und den Tarifparteien.
**Fragen aus den** Bereichen **Chemie, Physik, Biologie, Technik** werden überwiegend Bewerbern gewerblicher/technischer Berufe gestellt. Sie tauchen aber auch schon mal bei kaufmännischen/verwaltenden Berufen auf. Fragen aus **Geographie, Literatur, Kunst, Musik, Sport** können dagegen wieder alle treffen. Einige Beispiele:

9) Wie heißt das Instrument, mit der die Deutsche Bundesbank den Leitzinssatz verändert?
10) Was versteht man unter dem sogenannten »Hammelsprung«?
11) Wann trat das Grundgesetz für die Bundesrepublik Deutschland in Kraft?
12) Welches bekannte Bild malte Leonardo da Vinci?
13) Wer war der »Walzerkönig«?
14) Welche Tiere haben Facettenaugen?
15) Was wird mit einem Barometer gemessen?

# Intelligenztests

Sogenannte »Intelligenztests« dienen meist einer Überprüfung des logischen Denkvermögens beziehungsweise der Abstraktionsfähigkeit, der Merkfähigkeit, des räumlichen und technischen Vorstellungsvermögens, der Konzentrationsfähigkeit, der Belastbarkeit und Ausdauer.

## Logisches Denkvermögen/Abstraktionsfähigkeit
**Hier sollen häufig** Wortpaare, Sätze, Zahlenreihen, Figuren ergänzt werden. Beispielaufgaben:

16) Ergänzen Sie die folgende Zahlenreihe:
81 - 9 - 64 - 8 - 25 - 5 - 9 - ?
17) Welcher Begriff paßt nicht?
a) Kompaß
b) Rucksack
c) Wegweiser
d) Landkarte

18) Drei Figuren sind Ihnen vorgegeben. Die vierte hierzu passende Figur wird gesucht. Kreuzen Sie deshalb eine der vier vorgegebenen Figuren an, die zu den ersten drei paßt.

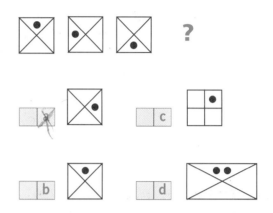

## Merkfähigkeit
Hier **sollen Sie** beweisen, daß Sie in der Lage sind, kurzfristig Bilder, Fakten oder Daten zu erfassen und abrufbereit zu speichern.
Ein Beispiel:

19) Bei dieser Übung sollen Sie sich Begriffe 2 Minuten lang einprägen. Danach werden Ihnen Fragen zu den Begriffen gestellt. Bevor Sie die Fragen bearbeiten und die richtige Antwort ankreuzen, decken Sie bitte die Begriffe ab.

a Namen: Fritz – Anton – Karin – Roland – Claudia
b Früchte: Banane – Pflaume – Stachelbeere – Mandarine – Erdbeere
c Tiere: Löwe – Jaguar – Gans – Igel – Hamster
d Städte: Dortmund – Nürnberg – Oberhausen – Quebec – Trier

In welcher Wortgruppe steht das Wort mit dem Anfangsbuchstaben »T«?

Im ersten Fall geht es in der Regel um Abwicklungen von
Figuren beziehungsweise um deren Spiegelbilder. Beispiel:

**20) Sechs Figuren werden Ihnen vorgegeben.
Wenn man sie in ihre Grundstellung dreht,
sind fünf von ihnen deckungsgleich. Bei
einer Figur klappt dies nicht. Sie ist nicht
gedreht, sondern gewendet (gekippt) worden, so daß nur ihr Spiegelbild zu sehen ist.
Diese Figur sollen Sie ankreuzen.**

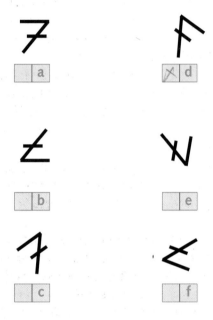

**Beim technischen** Vorstellungsvermögen, das natürlich
überwiegend bei Bewerbern für entsprechende Berufe
getestet wird, geht es um technische Probleme wie z.B.
Radabläufe.

**21) Markieren Sie, in welche Richtung sich das
letzte Rad dreht, wenn sich das Antriebsrad
im Uhrzeigersinn bewegt.**

**22) Entscheiden Sie, in welche Richtung sich das
graue Rad drehen wird, wenn das Rad Nr. 1
nach rechts drehen soll.**

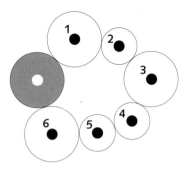

a) es dreht sich nach links
b) es dreht sich nach rechts
✗c) das System dreht sich gar nicht

**Man will erkennen,** wie schnell und genau Sie unter
großer nervlicher Belastung arbeiten können.
**Auch hier gibt** es die verschiedenartigsten Testaufgaben.
Konfrontiert werden können Sie zum Beispiel mit seiten-
langen mathematischen Aufgaben (wie Zahlenreihen, die
Sie addieren, subtrahieren müssen), aber auch mit Tests,
in denen Sie Zeile für Zeile bestimmte Zeichen durchstrei-
chen müssen:

**23) Streichen Sie in den folgenden Zeilen
jeweils die »m« durch, die zwei Querstriche
haben. Für jede Zeile stehen 10 Sekunden
zur Verfügung.**

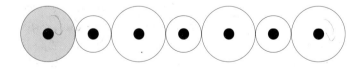

**24) Rechnen Sie die folgenden Aufgaben im
Kopf aus. Achtung: Die Regel »Punkt vor
Strich« gilt hier <u>nicht</u>. Für jede Aufgabe
haben Sie 2 Minuten Zeit:**

a) $5+3\cdot2-6:2+8-5\cdot3+8-5-9:2\cdot5-9:4:3=$
b) $9-2\cdot2+8-6+5-3\cdot2-1+5\cdot2:8-5+9-5:3=$
c) $4\cdot3-5\cdot3-9:6+4\cdot5-8:2-8\cdot4+7-6-8\cdot3=$

**EXPERTENTIP:**

MIT EINEM geeigneten »Testtrainer« können Sie Ihre Testchancen entscheidend verbessern. Achten Sie beim Buchkauf auf folgendes:

➤ Der Testtrainer sollte Ihr Schulwissen in Deutsch (Rechtschreibung) und Mathematik (Rechnen, Geometrie) gründlich auffrischen.

➤ Er sollte Grundfragen aus Wirtschaft und Politik behandeln. Gerade bei beliebten Berufen wie Bank- oder Industriekaufmann werden hierzu häufig Fragen gestellt.

➤ Er sollte Ihr Allgemeinwissen in den Bereichen Geschichte, Geographie, Literatur, Kunst, Musik, Sport, Biologie, Physik und Chemie trainieren. Diese Gebiete sind so breit gefächert, daß man nur die häufig gestellten Fragen üben kann. Um so wichtiger ist die Qualität des Testtrainers.

➤ Er sollte Sie mit typischen Fragen der Intelligenztests vertraut machen und Hinweise zur Bearbeitungstechnik in diesem Bereich geben.

➤ Er sollte möglichst schnell zur Sache – zum eigentlichen Testtraining – kommen. Längere theoretische Abhandlungen zu »Sinn und Unsinn« von Tests helfen Ihnen nicht weiter.

## Persönlichkeitstests

Hier versucht man, sich einen Eindruck Ihres Charakters und Ihrer Persönlichkeit zu verschaffen. Auch wenn man solchen – mitunter »selbstgestrickten« – Tests skeptisch gegenüberstehen kann – entziehen kann man sich kaum. Die Bandbreite der Aufgaben ist wiederum groß. Öfter verwendet werden Multiple-choice-Fragen und Bildtests, in denen Sie angeben sollen, welche Bilder Ihnen am besten oder auch gar nicht gefallen.

Vorbereiten kann man sich hier nur schwer. Gehen Sie davon aus, daß man mit einem Persönlichkeitstest herausfinden möchte, ob Sie dem Idealbild eines Azubis – freundlich, fleißig, ausgeglichen, optimistisch, ehrlich – möglichst nahekommen. Überlegen Sie in Ruhe, wie Sie die Fragen beantworten.

Beispiele für Multiple-choice-Fragen:

> Kreuzen Sie spontan die für Sie zutreffende Antwort an:

25) Es macht mir nichts aus, bei Partys im Mittelpunkt des Interesses zu stehen.
    a) stimmt
    b) manchmal
    c) stimmt nicht

26) Schulstreß schlägt mir auf den Magen und macht mich nervös.
    a) stimmt
    b) manchmal
    c) stimmt nicht

27) Ich vermeide es generell, mich mit anderen zu streiten.
    a) stimmt
    b) manchmal
    c) stimmt nicht

**Lösungen der Musterfragen:**

1) d; 2) 63.390; 3) 3.225; 4) 0,05; 5) 22/35; 6) 21/32; 7) 6.615; 8) 2.400,00 DM; 9) Diskontpolitik; 10) Persönliche Abstimmung im Bundestag, bei der alle Abgeordneten entweder durch die rechte oder die linke Tür gehen; 11) 23.05.49; 12) Mona Lisa; 13) Johann Strauß; 14) Insekten; 15) Luftdruck; 16) 3; 17) b); 18) a); 19) d; 20) d; 21) Das letzte Rad dreht sich rechts herum; 22) c); 23) erste Zeile: 0mal, zweite Zeile: 4mal; 24) a) 3, b) 3, c) 15; 25) bis 27) Berücksichtigen Sie den angestrebten Beruf und die Hinweise in der Erläuterung.

# Das

## Auf der Zielgeraden

*A*ls ungewohnt und stressig, fast wie eine Prüfungssituation, empfinden viele Bewerber das Vorstellungsgespräch. Dabei ist alles halb so schlimm, wenn man weiß, worauf Arbeitgeber im allgemeinen Wert legen und welche Fragen immer wieder gestellt werden. Tips für eine optimale Vorbereitung stehen im Mittelpunkt dieses Kapitels.

# Vorstellungsgespräch

**M**an will Sie persönlich kennenlernen! Warum?
➤ weil Ihre Bewerbung, Ihre Unterlagen, Ihre Testergebnisse oder vielleicht auch alles zusammen so gut waren, daß Sie in die engere Auswahl der Bewerber gekommen sind (Sie können mit Recht stolz darauf sein).
➤ weil man wissen will, ob Sie tatsächlich zum Beruf und in die Firma passen, denn auch Bewerbungspapier ist bekanntlich geduldig. Deshalb heißt es jetzt aufgepaßt ...

**Sie befinden sich auf** der Zielgeraden. Sicherlich haben Sie schon eine Reihe von Mitbewerbern hinter sich gelassen, eventuell sogar schon Tests absolviert, dennoch wird es erst jetzt richtig ernst. In den meisten Fällen haben Sie noch Mitbewerber, aus denen der Betrieb die passenden Mitarbeiter aussuchen will.

**Was müssen Sie** konkret unternehmen?
Folgendes ist zu tun:
1. **die Einladung bestätigen.**
2. **das Gespräch intensiv vorbereiten.**
3. **im Gespräch selbst »bestehen«.**

## Schnell sein: Bestätigung der Einladung

**W**enn Sie eine schriftliche Einladung bekommen haben, müssen Sie den dort genannten Termin bestätigen. Nur dann weiß Ihr Gesprächspartner, daß Sie den Termin wahrnehmen können, und wird auch für Sie erreichbar sein. Sollten Sie ausnahmsweise zum genannten Zeitpunkt nicht können, müssen Sie umgehend einen neuen Termin vereinbaren. Nennen Sie dabei in jedem Fall den wichtigen Verhinderungsgrund (zum Beispiel eine Klassenarbeit), damit Ihr Gesprächspartner kein Desinteresse aus der Umlegung folgern kann.
**Um rasch Interesse** zu signalisieren und Ihrem Gesprächspartner die Terminplanung zu erleichtern, bestätigen Sie den Termin am besten telefonisch.
**Beachten Sie dabei** die Ratschläge zur telefonischen Bewerbung (Seite 20f.). ➤ Möglich ist auch eine schriftliche Bestätigung. Hier können Sie sich an dem Musterbrief auf Seite 60 ➤ orientieren.

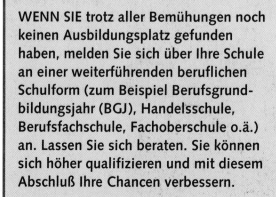

### EXPERTENTIP:

WENN SIE trotz aller Bemühungen noch keinen Ausbildungsplatz gefunden haben, melden Sie sich über Ihre Schule an einer weiterführenden beruflichen Schulform (zum Beispiel Berufsgrundbildungsjahr (BGJ), Handelsschule, Berufsfachschule, Fachoberschule o.ä.) an. Lassen Sie sich beraten. Sie können sich höher qualifizieren und mit diesem Abschluß Ihre Chancen verbessern.

Klaus Schnell                                              Neuendorf, 12. März 19..
Am Rain 12
12345 Neuendorf
Tel.: 0 66 95/5 67


Baustoffmarkt
GUT-KAUF GmbH
Personalabteilung
Frau Andrea Meier
Oderweg 15

12344 Neuendorf


**Vorstellungsgespräch – Terminbestätigung**
**Ihr Schreiben vom 10. März 19.. , Ihr Zeichen: am/gs**


Sehr geehrte Frau Meier,

ich danke Ihnen für Ihr o.g. Schreiben und freue mich über Ihre Einladung. Wie gewünscht, werde ich mich am ..., um ... Uhr bei Ihnen vorstellen. Der zugeschickte Personalfragebogen liegt ausgefüllt bei. *(nur, wenn beigefügt)*

Da ich in Ihrer Firma sehr gerne eine Ausbildung machen würde, bin ich auf das Gespräch mit Ihnen sehr gespannt. Bis dahin verbleibe ich

mit freundlichen Grüßen

*Klaus Schnell*
Klaus Schnell


Anlage: Personalfragebogen *(nur, wenn beigefügt)*

## Vorbereitet sein: Ausbilder-erwartungen, Ausbilderfragen

### Was erwartet der Betrieb von einem Vorstellungsgespräch?

**Vorstellungsgespräche kosten** den Betrieb (oder den Chef) wertvolle Zeit. Daher werden in der Regel nicht alle Bewerber eingeladen, sondern es wird anhand der Bewerbungen und eventuell eines Tests eine Vorauswahl getroffen. Die Gespräche dienen dann dazu, aus den vielversprechendsten Bewerbern diejenigen auszuwählen, die für den Beruf und den Betrieb am geeignetsten erscheinen.

### Was erwartet der Betrieb vom Bewerber?

#### Leistungsbereitschaft und Motivation
? Werden Sie sich in der Ausbildung genügend einsetzen, um viel zu lernen, und nach der Ausbildung ein guter Mitarbeiter werden?

#### Zuverlässigkeit und Disziplin
? Werden Sie pünktlich und ehrlich sein? Kann man sich auf Sie verlassen?

#### Anpassungsfähigkeit und Eigenverantwortlichkeit
? Werden Sie sich problemlos in den Betrieb einordnen? Kann man mit Ihnen gut zusammenarbeiten? Sind Sie für spätere Gruppenarbeit geeignet? Können Sie eigenverantwortlich und selbständig denken und handeln?

#### Dynamik und Zielstrebigkeit
? Haben Sie Initiative und Interesse an dem Beruf? Wollen Sie neue Dinge lernen und sich weiterbilden?

#### Berufseignung
? Sind Sie körperlich und geistig den Anforderungen des Berufs gewachsen?

#### Passung
? Passen Sie in Ihrem Wesen, Auftreten, eventuell auch Ihrem Äußeren zum gesamten Betrieb, seinem Stil, seinen Mitarbeitern und Kunden?

#### Kritikfähigkeit
? Besitzen Sie kritische Urteilsfähigkeit, akzeptieren aber auch selbst Kritik?

### Wie kann das Bewerbungsgespräch ablaufen?

**Obwohl jedes Bewerbungsgespräch** anders ablaufen wird, gibt es folgende generellen Möglichkeiten. Welche davon gewählt wird, hängt von der Betriebsgröße und auch von Ihren Gesprächspartnern ab.

#### Das offene Gespräch
**Die Themen und die Fragen** sind nicht genau festgelegt. Der Gesprächspartner plaudert vermeintlich ganz locker mit Ihnen. Achtung: Auch hier steckt natürlich ein Ziel dahinter. Antworten Sie daher sachlich und überlegt. Wenn man Ihnen Gelegenheit gibt, das Gespräch auf von Ihnen vorbereitete Bahnen zu lenken, nutzen Sie diese Chance: Sprechen Sie Ihr Interesse am Beruf, Ihre Vorkenntnisse, dem Beruf verwandte Hobbys u.ä. an.

#### Das halbstandardisierte Gespräch
**Hier ist der Verlauf** ebenfalls offen und locker – vor allem zu Anfang. Der Gesprächspartner stellt Ihnen aber auch einige vorbereitete Fragen. Dabei geht er aber nicht nach einem festen Schema vor. Auch hier haben Sie einen relativen Einfluß auf den Ablauf des Gespräches.

#### Das standardisierte Gespräch
**Der Interviewer geht** nach einem festen Schema vor. Dies findet man oft bei Großbetrieben, wenn eine relativ große Zahl von Bewerbern möglichst objektiv verglichen werden soll.

### Wo findet das Vorstellungsgespräch statt?

#### Im Büro
**In der Regel werden** Sie ins Personalbüro oder in kleineren Betrieben ins Zimmer des Chefs gebeten.
**So verhalten Sie sich richtig:**
**Begrüßen Sie** die Sekretärin, stellen Sie sich vor, und nennen Sie den Grund Ihres Besuches. Warten Sie, bis Sie um Eintritt gebeten werden. Bereiten Sie sich in dieser Wartezeit nochmals mental auf das Vorstellungsgespräch vor (siehe Seite 20). ► Sollte die Sekretärin in dieser Zeit ein Gespräch mit Ihnen führen, seien Sie auch hier sehr höflich und korrekt. Es kann sein, daß sie über den von Ihnen gewonnenen ersten Eindruck gefragt wird.
**Wenn Sie hereingebeten** werden, klopfen Sie an, falls die Sekretärin nicht vorangeht. Schauen Sie Ihren Gesprächspartner freundlich lächelnd an, wenn Sie eintreten. Ist nur ein Gesprächspartner da, begrüßen Sie ihn möglichst mit seinem Namen (auch mit Titel, zum Beispiel Frau Dr. Müller). Nennen Sie nach der persönlichen

Ansprache Ihren Namen. Warten Sie, daß Ihnen der Gesprächspartner die Hand gibt. Setzen Sie sich erst dann, wenn Sie dazu aufgefordert werden. Setzen Sie sich gerade und ordentlich hin. Schauen Sie Ihren Gesprächspartner freundlich an, und warten Sie ab, bis er das Gespräch beginnt. Sind mehrere Gesprächspartner da, werden Ihnen diese vorgestellt werden. Merken Sie sich die Namen.

**Wenn Ihnen ein Getränk** angeboten wird, können Sie es ruhig annehmen. Trinken Sie dann aber nur ab und zu einen kleinen Schluck und nicht alles auf einmal. Sie können ein Getränk mit einem höflichen »Nein Danke« auch ausschlagen. Wenn Sie nach einem Wunsch gefragt werden, können Sie natürlich auch wählen – aber bitte kein alkoholisches Getränk. Schlagen Sie in jedem Fall eine angebotene Zigarette aus.

### Während eines Betriebsrundganges

**Vor allem in kleineren** Betrieben des Handwerks kann das Gespräch auch auf einem Rundgang durch den Betrieb stattfinden. Gehen Sie dann kurz hinter oder neben dem Gesprächspartner her. Grüßen Sie Mitarbeiter, denen Sie begegnen. Interessieren Sie sich für den Betrieb. Fragen Sie nach Betriebsabläufen, Maschinen oder Produkten. Obwohl Sie immer in seiner unmittelbaren Nähe sind, rücken Sie dem Gesprächspartner nicht zu nah »auf die Pelle«. Mischen Sie sich nicht in Gespräche ein, die Ihr Gesprächspartner eventuell mit den Mitarbeitern führt. Konzentrieren Sie sich trotz der vielen neuen Eindrücke immer auf Ihr Gespräch.

### Am möglichen Ausbildungsplatz

(zum Beispiel in der Werkstatt, im Frisurenstudio oder an einem Schreibtisch)
**Mitunter kann es** auch vorkommen, daß Ihr handwerkliches Geschick/technisches Verständnis, Ihre Schreibmaschinen- oder PC-Kenntnisse getestet werden. Verlieren Sie nicht die Nerven, denn man erwartet ja noch keine ausgebildete Fachkraft. Es soll nur geprüft werden, ob Sie sich generell eignen. Haben Sie hier schon gute Kenntnisse (zum Beispiel PC), dann sollten Sie damit aber nicht hinter dem Berg halten.

**Wenn Sie zum Beispiel** einen Nachmittag in einem Frisurenstudio verbringen, zeigen Sie großes Interesse an der Arbeit. Seien Sie höflich und hilfsbereit (vielleicht können Sie den benötigten Fön reichen o.ä.), verhalten Sie sich aber dennoch möglichst unauffällig. Mischen Sie sich nicht vorlaut oder besserwisserisch in Gespräche ein. Seien Sie vor allem zu den Kunden sehr freundlich.

## Wieviel Personen nehmen an dem Vorstellungsgespräch teil?

**Auch hier gibt es** mehrere Möglichkeiten. Die erste:

### Ein »Frager« und ein Bewerber

**Der Personalsachbearbeiter** oder der Chef spricht allein mit Ihnen. Sie können sich nur auf ihn konzentrieren - sprechen Sie ihn oft mit seinem Namen (und eventuell Titel) an.

### Mehrere »Frager« und ein Bewerber

**Auch wenn Sie** nun von mehreren Personen beobachtet werden, sollten Sie gelassen bleiben: Am Gesprächsinhalt ändert sich dadurch nichts. Zum Personalchef oder dem Betriebsinhaber könnten zum Beispiel ein Betriebsratsmitglied und/oder ein Ausbildungsmeister (-leiter) hinzugezogen werden.
**Antworten Sie immer** dem Fragenden, sehen Sie ihn dabei an.

### Mehrere Bewerber und ein oder mehrere »Frager«

**Meist sind es Großbetriebe,** die diese Form der Vorstellungsgespräche wählen.
**Dies ist** aus unserer Sicht die schwierigste Situation für Sie. Trösten Sie sich damit, daß dies auch für Ihre Mitbewerber gilt.
**Selbstverständlich** will jeder der Bewerber den besten Eindruck hinterlassen.

➤ Bleiben Sie unbedingt fair, das macht den besten Eindruck. Zeigen Sie, daß Sie in einem Team arbeiten können. Machen Sie nicht den Fehler, daß Sie die Mitbewerber angreifen oder ihnen ins Wort fallen.

➤ Reden Sie nur dann, wenn man Ihnen das Wort erteilt.

➤ Konzentrieren Sie sich aber auch auf die Fragen und die Antworten der Mitbewerber. Überlegen Sie sich auch zu den Fragen an die anderen eine Antwort. Es könnte sein, daß eine Frage weitergereicht wird oder daß Sie zu einer Antwort Stellung nehmen sollen.

➤ Wollen Sie eine Ergänzung oder Korrektur machen, so zeigen Sie auf und warten, bis Sie drankommen. Verhalten Sie sich aber dabei nicht aufdringlich, vorwitzig oder einfach besserwisserisch. Sagen Sie nicht: »Das war Unsinn ...« oder »Das war falsch ...« Sie könnten zum Beispiel mit den Worten beginnen: »Meiner Meinung nach ...« oder »Ich sehe das so ...« oder »Zu den Worten meines Vorredners möchte ich noch folgendes anmerken ...«.

**Einige Großbetriebe** testen Sie neuerdings vor allem bei anspruchsvollen kaufmännischen Berufen nach der Methode des **»Assessment-Centers«.** Kurz gesagt bedeutet das, daß Sie in einer Gruppe mit- oder gegeneinander arbeiten. Dabei wird das Verhalten der Bewerber beobachtet. Man will die Fähigkeit, in einer Gruppe zu arbeiten, Teamgeist, Kommunikations- und Durchsetzungsvermögen, Zielstrebigkeit und Organisationstalent testen. Versuchen Sie durch Wissen, Witz, Reden zu organisieren und der »Chef« zu werden. Diskutieren Sie aber immer sachlich, werden Sie nicht ausfallend oder einfach bestimmend.

## Wie bereitet man sich am besten vor?

**Natürlich kann niemand** voraussehen, was in einem Vorstellungsgespräch im einzelnen gefragt wird. Und doch laufen diese Gespräche oft nach einem bestimmten Muster ab, denn auch für Ihren Gesprächspartner ist es gar nicht so einfach, sich die richtigen Fragen zu überlegen. Also gibt es bestimmte Standardfragen, mit denen man rechnen muß und auf die man sich schon einstellen kann. Mit der Checkliste auf Seite 64ff. ➤ machen Sie sich fit für gängige Fragen.

**Daneben gilt:** Je mehr Sie über den Arbeitgeber und Ihren Wunschberuf wissen, um so besser. Sammeln Sie deshalb Informationen über die Firma und über den Beruf. Lesen Sie Zeitung, und schneiden Sie sich alles Wichtige heraus. Fragen Sie Mitarbeiter, Freunde und Bekannte. Sammeln Sie auch Broschüren oder Infos von Betriebspraktika, Ferienjobs o.ä.

# Vorstellungsgespräch I – Das kann ich gefragt werden

■ Das könnte ich gefragt werden:
*»Wo liegen Ihre persönlichen Stärken und Schwächen?«*

Meine persönliche Antwort:

■ Das kann der Grund der Frage sein:
Können Sie über Ihre persönliche Situation auch kritisch nachdenken?

■ Tip / mögliche Antwort:
**Antworten Sie taktisch klug. Versuchen Sie nichts zu verschleiern (auch eine schlechte Note kann man erklären), stellen Sie Ihr Licht aber nicht unter den Scheffel. Vorsicht: Manche »Stärken« (etwa Risikofreudigkeit durch Ausübung gefährlicher Sportarten) sieht der Arbeitgeber eventuell anders.**

---

■ Das könnte ich gefragt werden:
*»Warum wollen Sie gerade diesen Beruf erlernen?«* (*»Ist dies Ihr Traumberuf?«*)

Meine persönliche Antwort:

■ Das kann der Grund der Frage sein:
Hat sich der Bewerber über den Beruf und seine Anforderungen informiert?

■ Tip / mögliche Antwort:
**Weisen Sie hin auf: Interesse an technischen/modischen/handwerklichen Dingen, Verbindung zu Hobbys, Erfahrung aus Praktika oder Ferienjobs, Freude am Umgang mit Menschen (Kunden) o.ä.**

---

■ Das könnte ich gefragt werden:
*»Warum haben Sie sich gerade bei uns beworben?«*

Meine persönliche Antwort:

■ Das kann der Grund der Frage sein:
Ist es eine zielstrebige Bewerbung, oder hat man sich überall und in unterschiedlichen Berufen beworben? Welche Kenntnisse über die Firma sind vorhanden? Ist es Ihnen eventuell gleich, ob Sie diesen oder einen anderen Platz bekommen?

■ Tip / mögliche Antwort:
**Das Leistungsangebot der Firma, die gute Ausbildung, das gute Betriebsklima, die Größe der Firma, der sichere Arbeitsplatz, die Aufstiegsmöglichkeiten, die persönliche Herausforderung machen den Arbeitgeber für Sie interessant.**

---

■ Das könnte ich gefragt werden:
*»Was gab den Anstoß für die Bewerbung?«*

Meine persönliche Antwort:

■ Das kann der Grund der Frage sein:
Sind Sie zielstrebig und wollen Sie unbedingt diesen Beruf ergreifen, oder ist es Ihnen relativ egal?

■ Tip / mögliche Antwort:
**Der Anstoß war ein Praktikum oder Ferienjob; Sie haben sich informiert beim Arbeitsamt oder Freunden usw.**

■ Das könnte ich gefragt werden:
»*Was wissen Sie über unsere Unternehmung?*«

■ Das kann der Grund der Frage sein:
Haben Sie sich vor der Bewerbung informiert, haben Sie Interesse an der Firma?

■ Tip / mögliche Antwort:
**Bringen Sie Ihr Wissen aus Ihrer firmenbezogenen Vorbereitung ein.**

Meine persönliche Antwort:

---

■ Das könnte ich gefragt werden:
»*Wo haben Sie sich außerdem beworben?*«

■ Das kann der Grund der Frage sein:
Welche Rangstelle hat Ihre Bewerbung in dieser Firma?

■ Tip / mögliche Antwort:
**Seien Sie ehrlich. Man wird Ihnen kaum glauben, daß dies Ihre einzige Bewerbung war. Beschränken Sie sich aber möglichst auf die Nennung von Bewerbungen in gleichen oder ähnlichen Berufen.**

Meine persönliche Antwort:

---

■ Das könnte ich gefragt werden:
»*Aus Ihrem Bewerbungsschreiben geht hervor, daß Sie ein Praktikum absolviert haben. Welche Erfahrungen haben Sie da gemacht?*«

■ Das kann der Grund der Frage sein:
Läßt Ihre Antwort auf Beobachtungsgabe/ Interesse an der Tätigkeit schließen?

■ Tip / mögliche Antwort:
**Berichten Sie, was Sie gelernt haben, was Ihnen gefallen hat. Stellen Sie den Betrieb aber nicht negativ dar!**

Meine persönliche Antwort:

---

■ Das könnte ich gefragt werden:
»*Was interessiert Sie an diesem Beruf? Wie stellen Sie sich Ihre spätere Tätigkeit vor?*«

■ Das kann der Grund der Frage sein:
Haben Sie sich informiert und die Berufsentscheidung bewußt und zielstrebig getroffen?

■ Tip / mögliche Antwort:
**Beschreiben Sie den Beruf möglichst positiv. Nennen Sie Ihre Neigungen. Aber: Bleiben Sie »auf dem Teppich«, und geraten Sie nicht in unkritisches Schwärmen.**

Meine persönliche Antwort:

■ **Das könnte ich gefragt werden:**
*»Glauben Sie, daß Sie den Anforderungen dieses Berufes gewachsen sind?«*

Meine persönliche Antwort:

■ **Das kann der Grund der Frage sein:**
Wie ist es um Ihre Selbsteinschätzung, Ihr Selbstbewußtsein und Ihre Lernbereitschaft bestellt?

■ **Tip / mögliche Antwort:**
Begründen Sie Ihre Erfolgsaussichten mit Ihren Neigungen, und sagen Sie, daß Sie fest entschlossen sind, es gut zu schaffen.

---

■ **Das könnte ich gefragt werden:**
*»Käme auch ein anderer Ausbildungsberuf in Frage?«*

Meine persönliche Antwort:

■ **Das kann der Grund der Frage sein:**
Wie groß ist Ihr Interesse für den Beruf, eventuell aber auch für einen anderen Ausbildungsberuf in der Firma?

■ **Tip / mögliche Antwort:**
Fragen Sie nach, ob es denn in der Firma noch andere Möglichkeiten gäbe. Das signalisiert in jedem Fall Interesse an der Firma. Vermeiden Sie aber den Eindruck, es sei Ihnen egal, was Sie lernen.

---

■ **Das könnte ich gefragt werden:**
*»Warum haben Sie in den Fächern ... keine besseren Noten?«*

Meine persönliche Antwort:

■ **Das kann der Grund der Frage sein:**
Sind Sie kritikfähig/einsichtig genug, um eine Verbesserung Ihrer Leistung anzustreben?

■ **Tip / mögliche Antwort:**
Nennen Sie außergewöhnliche Ereignisse (Krankheit, Unfall usw.), wenn die Ursache tatsächlich hier liegt. Schieben Sie nicht die Schuld auf andere. Im Zweifel zählt ganz zuletzt noch das Argument der Schulmüdigkeit ...

---

■ **Das könnte ich gefragt werden:**
*»Was machen Sie in Ihrer Freizeit? Sehen Sie gerne fern? Hören Sie gerne allein Musik?«*

Meine persönliche Antwort:

■ **Das kann der Grund der Frage sein:**
Sind Sie eher ein Einzelgänger oder jemand, der die Gemeinschaft bevorzugt? Haben Sie sportliche/kulturelle Interessen?

■ **Tip / mögliche Antwort:**
Vermitteln Sie nicht den Eindruck, daß Sie ziellos herumgammeln und die Zeit totschlagen, sondern daß Sie aktiv sind.

■ Das könnte ich gefragt werden:
»Lesen Sie Zeitung, hören oder sehen Sie Nachrichten? Lesen Sie Bücher? Was war das letzte Buch, welches Sie gelesen haben? Wie hat es Ihnen gefallen?«

Meine persönliche Antwort:

■ Das kann der Grund der Frage sein:
Haben Sie Interesse am politischen/wirtschaftlichen/kulturellen Geschehen?

■ Tip / mögliche Antwort:
**Zeigen Sie ein solches Interesse (besonders bei kaufmännischen Berufen und in der Verwaltung wichtig). Magazinsendungen, »Heute«, »Tagesschau« sollte man verfolgen.**

■ Das könnte ich gefragt werden:
»Wissen Sie etwas über aktuelle wirtschaftliche und politische Ereignisse?«

Meine persönliche Antwort:

■ Das kann der Grund der Frage sein:
Haben Sie Interesse an wichtigen Ereignissen?

■ Tip / mögliche Antwort:
**Rede und Antwort stehen. Nur »ja« zu sagen reicht nicht, Sie müssen schon Beispiele nennen beziehungsweise mitreden können. Informieren Sie sich vorher gut, und bilden Sie sich Ihre eigene Meinung.**

## Check ✔ liste

# Vorstellungsgespräch II – Das will ich fragen

Aber auch Sie können Fragen stellen!... das zeigt Ihr Interesse.
Denken Sie an das alte Sprichwort: »Gut gefragt ist halb gewonnen«.
Nachfolgend finden Sie mögliche Fragen. Haken Sie diejenigen ab, die für Sie in Betracht kommen, und notieren Sie sich eventuell weitere:

Wie viele Mitarbeiter hat das Unternehmen? ............................................ ☐
Wie läuft bei Ihnen die Ausbildung ab? ............................................... ☐
Gibt es in Ihrem Hause eine spezielle Ausbildungsabteilung? ...................... ☐
In welchen Abteilungen werde ich ausgebildet? ..................................... ☐
Gibt es nach der Ausbildung die Möglichkeit einer Übernahme? .................. ☐
Wie hoch ist die Ausbildungsvergütung? ........................................... ☐
Wie lange dauert die Ausbildung? .................................................. ☐
Wie viele Auszubildende werden in diesem Jahr von Ihnen ausgebildet? .......... ☐
Welche Weiterbildungsmöglichkeiten gibt es später? ............................. ☐
Welche Aufstiegsmöglichkeiten gibt es in Ihrem Betrieb? ........................ ☐
Welche Chancen sehen Sie für mich, diesen Ausbildungsplatz zu bekommen? ..... ☐
Wann etwa werde ich mit Ihrer Entscheidung rechnen können? .................. ☐
......................................................................................... ☐
......................................................................................... ☐
......................................................................................... ☐
......................................................................................... ☐

## Sicher auftreten:
## Allgemeine Verhaltenstips

**Ihr Auftreten muß** zu Ihrer Bewerbung, aber auch zu Ihrem Typ passen. Schließlich will nicht nur der Betrieb Sie kennenlernen, sondern umgekehrt gilt auch: Sie wollen feststellen, ob Sie der richtige Typ für den Betrieb sind. Falsche Vorstellungen vom Beruf machen sich spätestens beim Bewerbungsgespräch bemerkbar.

**Auf Dauer kann** niemand seine wirklichen Eigenschaften verstecken. Deshalb sollten Sie so auftreten, wie Sie sind, aber doch folgende Grundregeln beachten:

➤ Kleiden Sie sich jugendlich, aber nicht aufdringlich. Das gleiche gilt für Frisur, Schmuck und Make-up. Für spezielle Berufe, wie zum Beispiel Friseur(in) oder Boutique-Verkäufer(in), können Sie etwas extravaganter aussehen, für andere (zum Beispiel Kundenberater(in) in einer Bank) auch etwas eleganter. Aber auch hier ist die Devise: nicht übertreiben.

➤ Prüfen Sie bevor Sie aufbrechen sorgfältig, ob Sie alle Unterlagen haben, die Sie mitbringen sollen.

➤ Kommen Sie ausgeschlafen zum Vorstellungsgespräch.

➤ Kommen Sie unbedingt rechtzeitig und nicht abgehetzt. Planen Sie eventuelle Umwege oder Verzögerungen großzügig ein. Seien Sie früher da, dann können Sie sich noch einmal mental einstimmen.

➤ Treten Sie natürlich auf, und schauspielern Sie nicht.

➤ Seien Sie immer höflich und freundlich.

➤ Schauen Sie die Gesprächspartner an, blicken Sie nicht zu Boden oder zur Seite.

➤ Verschränken Sie nicht die Beine oder die Arme.

➤ Sprechen Sie deutlich und nicht hektisch.

➤ Unterbrechen Sie den Gesprächspartner nicht, hören Sie geduldig und interessiert zu. Erst dann antworten Sie oder stellen eigene Fragen.

➤ Reden Sie Ihre Gesprächspartner mit deren Namen an.

➤ Interessieren Sie sich für die Firma. (Sie sollten entsprechende Fragen parat haben. Nutzen Sie die Checkliste auf Seite 67). ▶

➤ Bedanken Sie sich für das Gespräch und erkundigen Sie sich nach dem Ergebnis.

➤ Verabschieden Sie sich höflich.

➤ Bleiben Sie trotz allem Streß cool – Sie werden es schon schaffen.

## Aus Fehlern lernen

Einige Beispiele dafür, was mögliche Arbeitgeber stören könnte.

»Als der zierliche junge Mann mit Kragen und Schlips bei mir nachfragte, ob ich eine Stelle als Maurer habe, fragte ich mich, ob er jemals bei der Berufsberatung war ...«

»Was nutzen einem Verkäufer die besten Schulnoten, wenn er so schüchtern und zurückhaltend ist, daß er keinem Kunden in die Augen schauen kann?«

»Können Sie sich vorstellen, am Bankschalter von einer jungen Frau mit Punkfrisur, zerschlissenen Hosen und schmuddeliger Kleidung bedient zu werden? Ich nicht ... Bewerbung zwecklos.«

»Wem es offensichtlich in Wirklichkeit nur um den Verdienst und die Freizeit geht, sollte sich überlegen, ob es nicht bessere Argumente für die Berufswahl gibt ...«

»Warum muß ich erst in einem Vorstellungsgespräch erfragen, daß die »Lücke« im Lebenslauf auf zwei abgebrochene Ausbildungen zurückzuführen ist?«

»Wer Friseurin werden will, sollte schon selbst ein gepflegtes Äußeres haben und im Gespräch zeigen, daß sie kontaktfähig ist, denn wer bis zu fünf Stunden eine Kundin zu bedienen hat, muß nicht nur gute Arbeit leisten, sondern sich auch unterhalten können.«

»Was soll man davon halten, wenn ein Bewerber am Montagfrüh verschlafen zur Vorstellung kommt?«

»Wer kein Blut sehen kann oder beim Verbandwechsel in Ohnmacht fällt, sollte sich nicht als Arzthelferin bewerben ...«

»Natürlich lasse ich denjenigen, der bei mir Gerüstbauer werden will, schon mal bei der Vorstellung auf eine Leiter steigen, damit ich sehe, ob er schwindelfrei ist. Welche Note er in Musik oder Mathe hat, ist mir fast egal ...«

»Wer seinen Berufswunsch damit begründet, daß er gern liest, und dann kein einziges Buch oder keinen Autor nennen kann, hat doch gemogelt, oder?«

**69**

## Am Ziel: Der Ausbildungsvertrag

**S**uper – Sie haben es geschafft und alle Hürden beim Rennen um den Ausbildungsplatz erfolgreich überwunden. Der ersehnte Ausbildungsplatz wird Ihnen zugesagt. Doch aufgepaßt: Erst, wenn Sie den Ausbildungsvertrag schwarz auf weiß vor sich liegen haben, können Sie sicher sein, daß Sie nun nur noch Ihre Unterschrift zu leisten haben (wenn Sie noch nicht volljährig sind, müssen auch Ihre Eltern oder Erziehungsberechtigten unterschreiben). Laut Berufsbildungsgesetz müssen Ausbildungsverhältnisse grundsätzlich schriftlich vereinbart werden.

**In einem Ausbildungsvertrag** werden unter anderem der Beginn und die Dauer der Ausbildung, das genaue Berufsziel, die Dauer der Probezeit und des Urlaubs, die Höhe der Ausbildungsvergütung sowie die Pflichten des Ausbilders und des Auszubildenden festgehalten. Um für letzteres nur ein Beispiel zu nennen: Der Ausbilder muß Sie etwa für den Berufsschulunterricht freistellen; Sie als Azubi sind gleichzeitig verpflichtet, an diesem Unterricht teilzunehmen.

**Über diese und andere Bestimmungen** des Vertrages brauchen Sie sich nicht im einzelnen den Kopf zu zerbrechen: Anders als Arbeitsverträge, die oft frei ausgehandelt werden, unterliegen alle Ausbildungsverträge einer Kontrolle. Sie müssen bei der zuständigen Kammer (zum Beispiel Handwerkskammer, Industrie- und Handelskammer, Ärztekammer usw.) vorgelegt werden. Deshalb benutzen die meisten Ausbilder schon von vornherein die Vertragsvordrucke der Kammern.

**Wenn Sie den Vertrag** im Briefkasten haben, wird Ihnen meist eine Frist von höchstens 14 Tagen eingeräumt, in der Sie sich endgültig entscheiden müssen, ob Sie den Vertrag annehmen oder nicht. Das erste Angebot muß nicht unbedingt das letzte und auch nicht das beste sein. Deshalb kann es auch in dieser Schlußphase noch zu einigen Problemen kommen:

Was tun, ...

**!... wenn Sie mehrere Ausbildungsplätze angeboten bekommen, aber noch für keinen unterschrieben haben?**
Sie haben nun die Qual der Wahl und müssen abwägen, wo Sie die Ausbildung beginnen wollen. Wenn es sich um unterschiedliche Ausbildungsberufe handelt, müssen Sie sorgfältig überlegen, für welchen Sie sich besser eignen. Dazu gehört natürlich auch, welcher Ausbildungsbetrieb auf Sie den besten Eindruck gemacht hat. Werfen Sie noch einmal einen Blick in die Checkliste auf Seite 17 ▶ und prüfen Sie, ob die damaligen Einstufungen auch nach Ihren neuen Erkenntnissen noch stimmen. Dann müssen

Sie sich wohl oder übel entscheiden. Und nicht vergessen: den anderen Betrieben absagen, damit der Ausbildungsplatz anderweitig besetzt werden kann.

**!... wenn Sie ein Ausbildungsplatzangebot haben, aber dieser Beruf oder Betrieb eher nur »zweite Wahl« war, und Sie täglich damit rechnen können, daß in Ihrem Wunschbetrieb eine Entscheidung fällt?**
Sie können versuchen, die Entscheidungsfrist zu verlängern. Lassen Sie sich etwas einfallen, warum Sie diese Verlängerung brauchen (vielleicht haben Sie noch eine Frage zum Vertrag, die Sie gerne persönlich klären wollen, aber wegen vieler Klassenarbeiten können Sie in den nächsten vierzehn Tagen nicht kommen. Vielleicht sind Ihre Eltern, die den Vertrag mitunterschreiben müssen, gerade in Urlaub, vielleicht ...) Zugegeben, es ist ein etwas riskantes Spiel, aber Sie müssen selbst wissen, ob es sich lohnt oder nicht.

**!... wenn Sie schon einen Ausbildungsvertrag unterschrieben haben, und nun kommt ein weiteres Angebot, das Ihnen viel besser gefällt?**
Sie haben nur eine Möglichkeit: ehrlich sein. Sprechen Sie persönlich bei dem ersten Ausbildungsbetrieb vor. Sagen Sie, daß Ihnen die Bitte nicht leichtfällt, aus dem Vertrag entlassen zu werden. Bitten Sie aber um Verständnis, weil es schließlich auch dem Betrieb nur wenig nutzt, wenn sich der Auszubildende nicht wohl fühlt und eventuell schon in der Probezeit kündigt (in den ersten ein bis drei Monaten der Ausbildung kann das Ausbildungsverhältnis ohne Begründung fristlos aufgelöst werden). Es bleibt den Ausbildungsbetrieben nichts anderes übrig, als zuzustimmen.
Aber: auf keinen Fall den zweiten Vertrag unterschreiben, bevor Sie die andere Sache geklärt haben, und auch keinesfalls den ersten Vertrag rückgängig machen, ohne den zweiten sicher zu haben.

**!... wenn Sie schon am ersten Tag der Ausbildung merken, daß Sie eine falsche Entscheidung getroffen haben?**
Am ersten Tag werden Sie sich zwar kaum ein Urteil erlauben können, ob der Beruf oder der Betrieb der richtige ist, aber Sie haben innerhalb der in der Regel dreimonatigen Probezeit (siehe oben) die Möglichkeit, jederzeit fristlos zu kündigen. Achtung: Bei Minderjährigen müssen auch die Eltern/Erziehungsberechtigten einverstanden sein. Je schneller Sie diese Entscheidung treffen, desto größer sind die Chancen, eventuell gleich etwas anderes zu bekommen. Aber bitte keine vorschnellen Entscheidungen, die Ihnen kurze Zeit später vielleicht leid tun...

## Sachwortregister

### Checklisten

### Musterbriefe

In der Reihe FALKEN CheckUp sind bereits erschienen:
Peter-J. Schneider/Ekkehard Götze, Recht für Mieter (1524)
Peter-J. Schneider/Ekkehard Götze/Karl Hoffelner, Testament und Erbschaft (1525)
Peter-J. Schneider/Ekkehard Götze, Kaufverträge (1526)
Peter-J. Schneider/Ekkehard Götze, Recht für Urlauber (1565)
Peter-J. Schneider/Ekkehard Götze/Hansjochim von Wick, Versicherungen (1366)
Peter-J. Schneider/Klaus Skiba/Manfred Zindel, Steuern sparen 1996 1621)
Dr. Wolfgang Reichel, Vorstellungsgespräche (1527)
Dr. Wolfgang Reichel, Stellensuche und Bewerbung (1566)
Ekkehard Götze, Die nichteheliche Lebensgemeinschaft (1655)

Die Deutsche Bibliothek – CIP-Einheitsaufnahme

**Schneider, Peter-J.:**
Bewerbung um einen Ausbildungsplatz / Peter-J. Schneider ;
Manfred Zindel. - Niedernhausen/Ts. : FALKEN, 1996
   (FALKEN Checkup)
   ISBN 3-8068-1656-5
NE: Zindel, Manfred:


ISBN 3 8068 1656 5

**Umschlaggestaltung:** Peter Udo Pinzer
**Layout, Gestaltung und Herstellung:** Reckels, Schneider-Reckels & Weber, Wiesbaden
**Redaktion:** Dr. Petra Begemann
**Titelfoto:** KONTRAST fotodesign, Frankfurt a. M.
**Fotos:** KONTRAST fotodesign, Frankfurt a. M.: 3; Mauritius. Die Bildagentur, Mittenwald: 58
(Poehlmann); Ulrich Niehoff, Bienenbüttel: 17, 36, 47, 59; Peter Udo Pinzer: 6, 7, 19;
PVM Presseservice für visuelle Medien, Mittenwald: 46 (Nitz)
**Zeichnungen:** Nikolai Krasomil, Wiesbaden

**Druck:** Appl, Wemding

817 2635 4453 6271